Preconceito contra a filiação adotiva

Conselho Editorial de Educação:
José Cerchi Fusari
Marcos Antonio Lorieri
Marli André
Pedro Goergen
Terezinha Azerêdo Rios
Valdemar Sguissardi
Vitor Henrique Paro

Dados Internacionais de Catalogação na Publicação (CIP)
(Câmara Brasileira do Livro, SP, Brasil)

Eiterer, Carmem Lucia
 Preconceito contra a filiação adotiva / Carmem Lucia Eiterer, Ceris Salete Ribas da Silva, Walter Ude Marques. — São Paulo : Cortez, 2011.
 — (Coleção preconceitos ; v. 7)

 ISBN 978-85-249-1732-5

 1. Adoção - Aspectos psicólogicos 2. Crianças adotadas 3. Discriminação 4. Preconceitos - Aspectos sociais 5. Preconceitos - Brasil I. Silva, Ceris Salete Ribas da. II. Marques, Walter Ude. III. Título. IV. Série.

11-03975   CDD-305.8

Índices para catálogo sistemático:
1. Preconceito contra filiação adotiva : Sociologia   305.8

Carmem Lucia Eiterer
Ceris Salete Ribas da Silva
Walter Ude Marques

Preconceito contra a filiação adotiva

PRECONCEITO CONTRA A FILIAÇÃO ADOTIVA (col. Preconceitos – v. 7)
Carmem Lucia Eiterer, Ceris Salete Ribas da Silva e Walter Ude Marques

Capa: aeroestúdio
Preparação de originais: Nair Kayo
Revisão: Amália Ursi
Composição: Linea Editora Ltda.
Coordenação editorial: Danilo A. Q. Morales

Nenhuma parte desta obra pode ser reproduzida ou duplicada sem autorização expressa dos autores e do editor.

© 2011 by Autores

Direitos para esta edição
CORTEZ EDITORA
Rua Monte Alegre, 1074 – Perdizes
05014-001 – São Paulo – SP
Tel.: (11) 3864-0111   Fax: (11) 3864-4290
e-mail: cortez@cortezeditora.com.br
www.cortezeditora.com.br

Impresso no Brasil – setembro de 2011

Para Francisco, Gabriel e Ana

Sumário

Apresentação
Carmem Lucia Eiterer e *Ceris Salete Ribas da Silva* 9

1. Família, adoções e desafios
Walter Ude Marques 17

2. Preconceito e restrições no processo de adoção de crianças no país
Ceris Salete Ribas da Silva 38

3. Filiação adotiva: um modo legal de se constituir uma família
Carmem Lucia Eiterer 75

Apresentação

A educação é um direito fundamental, garantido na Constituição Federal que, por sua vez, caracteriza a escola como um espaço pedagógico, no qual o ensino formal deve ser ministrado em igualdade de condições para todos, sem distinção de gênero, classe social, etnia, entre outros fatores. Nesses termos, a lei maior do país oferece o patamar necessário para a construção de uma atitude inclusiva, que respeite as diferenças e favoreça o surgimento de uma sociedade mais justa e igualitária, almejada pelo conjunto do povo brasileiro. Assim, pensar a escola na perspectiva da inclusão implica a responsabilidade de se promover uma educação humanista e, mais do que isso, de investir na formação de cidadãos socialmente solidários, críticos e engajados na defesa dos direitos sociais.

É com base nesse pressuposto que os autores que participam da produção deste livro elegeram o tema da adoção de crianças e jovens no país. É preciso esclarecer que os autores não são pesquisadores na área de adoção de crianças, são educadores da Universidade Federal de Minas Gerais e atuam na área de formação de professores da educação básica, ainda que, um deles, em especial, desenvolva estudos junto a famílias em condições de extrema vulnerabilidade (abuso sexual, trabalho infantil, crianças em situação de rua etc.). Os autores consideram que não é possível tratar das questões relativas à educação, especialmente no âmbito da escola, sem abordar os problemas educacionais num contexto social mais amplo, o que significa, entre outros aspectos, refletir sobre as contradições e os impasses existentes no contexto socioeconômico e de como estes influenciam a política educacional. Portanto, ao considerar as questões referentes à escolarização de crianças e jovens, colocamos em xeque a reprodução de desigualdades sociais na escola, a prática docente e a estrutura do próprio sistema educativo. É com base nessa perspectiva que consideram que as discussões sobre as desigualdades sociais devem ser ampliadas com a introdução de outras temáticas pouco comuns no contexto escolar. Entende-se, portanto, que o tema da adoção precisa ser abordado no sentido de contribuir para a formação para a cidadania dos sujeitos.

Entretanto, discutir o tema não é tarefa simples. Diversas pesquisas como a de Weber; Cornélio (1995) e de Weber; Gagno (1995)[1] têm denunciado o quanto esse processo está revestido de preconceito. Profissionais que atuam na área da adoção chamam a atenção para a existência de uma visão distorcida na sociedade, que acarreta a associação da adoção a problemas e fracassos. Em contrapartida, tem sido frequente o aumento de grupos e organizações engajados na divulgação desse tema e na luta pela desmistificação de conceitos errôneos existentes ou já cristalizados na sociedade. Atualmente, diversos fóruns de debates sobre o tema da adoção têm privilegiado difundir uma "cultura da adoção", com o objetivo de proporcionar um lar para crianças que aguardam a sua inclusão em uma nova estrutura familiar, sem que esse processo seja mediado por imposições de saúde, cor, gênero, raça, idade. Isso ocorre porque a adoção, no Brasil, ainda é comumen-

---

1. Weber, L. N. D.; Cornélio, S. A. Adoção: perspectiva dos filhos adotivos. Trabalho apresentado no X Congresso Latino-Americano de Psiquiatria da Infância e da Adolescência. Curitiba, abril de 1995. *Cadernos de Resumos*, p. 4.
Weber, L. N. D.; Gagno, A. P. Onde estão os vínculos das crianças institucionalizadas? Trabalho apresentado no X Congresso Latino-Americano de Psiquiatria da Infância e da Adolescência. Curitiba, abril de 1995. *Caderno de Resumos*, p. 25.

te vista como solução para a infertilidade, constituindo uma das razões para a procura maciça de bebês. Dessa forma, a inserção de crianças e jovens em um novo lar tem sido confundida com o desejo e a tentativa de apagar suas origens (negar ou ocultar o seu nascimento biológico em outra família, negar a adoção em si mesma, ocultá-la etc).

Assim, o reconhecimento de diversos recortes que compõem essa ampla temática da adoção de crianças e jovens (idealização de família, perfil das crianças para adoção, perfil das famílias biológicas e dos adotantes, os critérios de seletividade — idade, sexo, cor, saúde — das crianças nas instituições, os avanços no campo do direito, as representações que se constroem nos meios de comunicação, na literatura, entre outros) coloca-nos frente a frente com a luta contra as desigualdades sociais e pela conquista do respeito à infância digna.

Acredita-se, portanto, que a ampliação dos espaços de discussões sobre a adoção de crianças, espaço esse que inclui as escolas, é necessária, pois pode contribuir para que as diferenças de cada grupo social sejam respeitadas dentro das suas especificidades sem se perder o rumo do diálogo, da troca de experiências e da garantia dos direitos sociais. A luta pela eliminação das desigualdades sociais no país também passa pela reflexão das características das práticas culturais, políticas e pedagógicas solitárias e excludentes.

Sabemos que têm se ampliado as discussões sobre o Estatuto da Criança e do Adolescente na escola. Contudo, também sabemos que esses debates têm privilegiado mais a sua relação com as questões que envolvem a violência e os direitos das crianças e jovens que estão em processo de escolarização. Consideramos, portanto, que é preciso levantar novas questões nesses debates sobre direito e cidadania e incluir o tema da adoção, pois, após mais de uma década de sua implantação, o tema da adoção ainda permanece mergulhado no preconceito. Apesar de reconhecermos os avanços em alguns setores sociais e nos planos teórico e legal, a noção de criança e de adolescente como sujeitos de direito ainda carece de maior sedimentação no plano da realidade cotidiana.

A proposta deste livro é a de trazer o tema dos preconceitos que fazem parte dos processos de adoção de crianças para o campo da educação. Sabemos que essa é uma decisão educativa importante, pois objetiva não só ampliar os espaços de debate sobre um problema social tão atual e complexo como contribuir para que se reformule, nas discussões de sala de aula, o conceito de paternidade e maternidade, ainda preso a modelos conservadores na sociedade. Essas são temáticas que pautam as propostas curriculares em seus diferentes segmentos de ensino e estão presentes nos projetos pedagógicos das escolas, fazendo parte, por exemplo, de conteúdos veiculados nos livros didáticos.

Outro aspecto importante que nos mobilizou para a organização deste livro é o pressuposto de que é necessário oferecer informações adequadas para que o tema da adoção de crianças e jovens possa ser abordado de forma crítica e reflexiva no processo educativo dos aprendizes do ensino básico. Sabemos que há muitos meninos e meninas adotados nas escolas (e não apenas entre estudantes, mas entre pais, gestores e professores) que não admitem sua verdadeira origem para evitar sofrer preconceito. Além disso, os profissionais, que têm na criança e no adolescente o centro de seu trabalho, poderão contribuir não somente informando acerca de dúvidas que surgirem ao elegerem essa temática como um dos componentes curriculares a ser desenvolvido em sala de aula, como também desenvolvendo posturas críticas em relação aos direitos daqueles que não possuem uma família. Dessa forma, é desejável, entre outros aspectos, trabalhar em sala de aula não só a questão do preconceito, mas as relações complexas que possibilitam ou restringem o direito de todas as crianças e adolescentes a viverem numa família.

A idealização da adoção na nossa sociedade impossibilita a discussão não só sobre as desigualdades sociais existentes no país, mas, sobretudo, sobre os conflitos, as discriminações e as tensões que são inerentes aos processos de adoção. Consequentemente, prevalecem posições antagônicas sobre essa realidade: de um lado, há aqueles que tendem a achar que tudo será lindo e maravilhoso; de outro, aqueles que pensam que o filho adotivo é sinônimo de relações problemáticas. Diante de tamanha desinformação, não é surpresa nos defrontarmos, ainda nas escolas, com a ausência de reflexão sobre o fato de os abrigos permanecerem lotados de crianças que esperam durante longos anos por um lar. Daí, advém a nossa crença de que discutir o tema sob nova perspectiva é ampliar o olhar para problemas que afligem a sociedade. Dentre eles, destaca-se a violência na escola e na sociedade, que deve ser relacionada às desigualdades sociais que colocam em situação de risco muitos jovens e crianças que entram nas estatísticas que assustam o país, uma vez que grande parte deles pertence aos grupos que participam de rebeliões e fugas de instituições gerados pela própria exclusão na sociedade. Certamente, esses jovens e crianças desamparados pelas ruas ou que formam fila à espera de adoção teriam um destino diferente caso tivessem sido colhidos pela adoção na infância.

Sabemos que posicionamentos equivocados de uma sociedade não são mudados por decreto. Por isso, apostamos na necessidade de debates amplos e no maior acesso às informações. Não se trata de defender a adoção como solução para as desigualdades sociais, mas sim de incentivar a discussão das diferentes facetas que fazem parte de um problema social tão complexo. A inclusão desse tema nas escolas pode contribuir, por exemplo, para o reconhecimento e uma tomada de posição, diante das formas de preconceito que atravessam a adoção de crianças e jovens no país. As concepções da população brasileira sobre adoção, em termos dominantes, carecem de desenvolvimento para acompanhar as modificações na lei, que sobre a questão incorporou o pensamento de setores mais avançados da sociedade.

Para abordar um tema tão complexo como as restrições e os preconceitos presentes nos processos de adoção de crianças, alguns temas foram selecionados para compor esta publicação.

O texto de abertura, de autoria de Walter Ernesto Ude Marques, tem como objetivo apresentar alguns elementos que nos possibilitam refletir sobre a noção de família e as novas configurações familiares numa sociedade multifacetada. Marques aborda a questão do vínculo familiar como vínculo de afeto que se evidencia na adoção, mas que não se faz presente apenas nela, sendo necessário, portanto, em qualquer núcleo ou grupo familiar em que haja um ato de opção consciente por acolher o outro, como aquele que caracteriza a adoção. Ou seja, o autor se ateve à ideia de que o nascimento biológico não garante o nascimento psicológico, social, educativo, afetivo, econômico e cultural do sujeito. Trata-se, assim, de uma questão que não se reduz ao âmbito genético.

A partir dessa discussão sobre o papel da família em nossa sociedade, o autor nos leva a refletir sobre como o tema da adoção em nosso país está associado aos termos "abandonado" ou "abandonada", que passaram a representar alguém visto como "incapaz" ou "perigoso" e que, consequentemente, necessita da solidariedade (se não, da piedade alheia) ou da repressão do Estado. Refletindo sobre esse viés assistencialista e repressivo, o autor também analisa como a criança, ou o adolescente, nessas condições de risco social, fica impossibilitada de se livrar dessa condição que, muitas vezes, gera outros problemas sociais que atormentam nossa sociedade. Como exemplo, o autor analisa o refúgio de crianças e jovens nas ruas, o que os expõe à armadilha de novas rotulações preconceituosas, tais como as de "trombadinha, pixote ou pivete", sem contar as represálias e outras formas de discriminações.

Finalmente, somos levados a refletir sobre alguns desafios que fazem parte dos processos adotivos de crianças e jovens em nosso país. O autor defende a ideia da adoção mútua, de que somos todos adotivos, além da necessidade de se avaliar a qualidade das relações estabelecidas no grupo familiar.

O trabalho de Ceris Salete Ribas da Silva, por sua vez, analisa algumas variáveis constitutivas dos processos de adoção de crianças e adolescentes abandonados no país, sobre as quais se considera a existência de restrições ou preconceitos que criam expectativas negativas e rejeições em relação à inserção dessas crianças em uma nova estrutura familiar.

O texto aborda o tema do preconceito nos processos de adoção sob duas perspectivas: na primeira, analisa como são construídas certas representações nos meios de comunicação do país em torno da imagem das mães que entregam ou abandonam seus filhos para adoção, e como essas representações podem levar à formação de estereótipos e preconceitos. Para isso, o trabalho analisa algumas reportagens publicadas em jornais brasileiros sobre o abandono de crianças, fundamentando-se em estudos que investigam a temática da adoção. A autora procura levantar outros determinantes para explicar os motivos que levam à realização desse tipo de ato pelas famílias. Na segunda parte do capítulo, são levantadas as restrições e os preconceitos que perpassam os processos de adoção nas Varas de Infância e Justiça do país, tendo em vista as expectativas dos adotantes sobre os atributos físicos das crianças. Ao explicar como essas expectativas são resultantes de um ideal de similaridades e de identidade dos projetos familiares dos pretendentes à adoção, o estudo nos possibilita compreender como se constroem certas formas de manifestações preconceituosas e como estas representam tentativas de controle das marcas da condição de classe social inferior dessas crianças e jovens — cor da pele, tipo de cabelo, desnutrição — que esperam por um lar nas instituições e abrigos do país.

Fechando a coletânea, Carmem Lucia Eiterer, em seu trabalho, analisa alguns modelos construídos historicamente em torno da filiação adotiva, os quais fundam as manifestações que hoje se organizam a partir de diferentes estereótipos. Revisando brevemente a história da adoção a partir dos referenciais teóricos da antropologia, psicologia e sociologia, a autora busca resgatar as origens de ideias preconcebidas presentes nas falas em torno da adoção, tais como a ideia de ser "filho de verdade". Discute-se como a noção de legitimidade procura apontar como se deslocam os discursos: do âmbito da jurisprudência para a demanda de reconhecimento de uma filiação entendida como fruto meramente da dimensão biológica, e, portanto, de uma herança genética como predominante na constituição do ser. Nesse capítulo, a autora apoia-se ainda em textos de ficção (contos, filmes, desenhos) ligados ao imaginário infantil, abordando modelos de famílias que despontam nos diversos textos desde o século XIX até o XXI, a fim de fornecer elementos para a reflexão acerca do tema.

Enfim, a obra contempla análises e abordagens que partem da discussão sobre concepções de família; passam pelo tratamento dado ao tema do abandono de crianças e jovens nos meios de comunicação do país; observam características básicas das manifestações de preconceitos no processo de escolha de crianças e jovens pelos pretendentes à adoção, incluindo também os critérios de classificação dos perfis das crianças e jovens nos cadastros das instituições responsáveis por esses processos; e chegam até o tratamento dos modelos construídos de filiação adotiva veiculados em textos de ficção que circulam amplamente no interior das instituições escolares.

Acreditamos, portanto, que a obra contribui não só para aguçar o debate sobre o tema da adoção, mas, sobretudo, para ampliar a perspectiva da inclusão social. Esperamos também fomentar discussões no interior das escolas, não descartando nunca a hipótese de novas abordagens sobre o tema, uma vez que o mais importante na atual conjuntura é a criação de novas perspectivas que possibilitem garantir, ao aluno, o direito de aprender e, ao professor, o direito de ensinar. Se conseguimos nosso intento, é você, leitor, quem vai avaliar.

Belo Horizonte, abril de 2009.

Carmem Lucia Eiterer
Ceris Salete Ribas da Silva

1
Famílias, adoções e desafios

*Walter Ernesto Ude Marques**

Este capítulo foi produzido com o intuito de tentar discutir as relações existentes entre as distintas possibilidades de constituição de grupos familiares e a configuração dos processos de adoção que ocorrem entre seus membros. Na verdade, as famílias se constituem por meio de adoções mútuas permeadas por laços construídos por sujeitos que se comprometem a participar da formação de um sistema familiar organizado em subsistemas (conjugal, parental, filial e fraternal), que se articulam de maneira diferenciada e interligada no âmbito grupal, independentemente do modelo estabelecido.

Sendo assim, nenhuma família se viabiliza sem adotar as pessoas que compõem seu grupo familiar. Do contrário, não haveria vínculos de compromisso e de cuidado, como também a constituição de uma identidade geradora de sentido de pertença aos ele-

---

* Professor de Psicologia da Educação do Departamento de Ciências Aplicadas à Educação da Faculdade de Educação da UFMG.

mentos que participam da sua organização. Todavia, nem todos os sistemas familiares conseguem efetivar essa possibilidade de escolha e acolhimento necessária para a consolidação de um exercício responsável da maternidade, da paternidade e da filiação. Aqui nessa relação se entremeia uma série de complexos aspectos histórico-culturais e econômicos que dificulta esse enlaçamento, tanto nos níveis materiais quanto simbólicos, obviamente, sem querer separá-los no decorrer da nossa análise e interpretação.

Diante disso, devemos indagar: por que nem todo genitor se constitui como pai ou mãe? Por que nem toda mãe ou pai se fez genitor do filho ou da filha que adotou? Essa pergunta nos evidencia, de alguma forma, que não podemos reduzir o exercício da paternidade ou da maternidade ao determinante biológico, pois o ser humano ultrapassa a natureza ao construir significados intermediados pela linguagem nos contextos culturais próprios dos sujeitos que os constituem. Observa-se que alguns fatores impossibilitam essa passagem de genitor a pai ou mãe, principalmente num mundo marcado com tantas desigualdades socioeconômicas, como observamos na realidade brasileira. Entretanto, não podemos buscar explicações apenas de ordem materialista e econômica para procurar compreender essa trama. Faz-se necessário reconhecer que estamos diante de um fenômeno multidimensional, composto de dimensões simbólicas e materiais que interagem nesse processo de um modo dinâmico, passando por momentos de organização, desorganização e reorganização, parcial e provisória (Morin, 1996).

Em relação a essa questão, vários pesquisadores indicam que o ato de nascimento do ser humano se efetiva verdadeiramente quando o sujeito é reconhecido na sua diferenciação — "ao ser nomeado e simbolizado", conforme This (1987); Dor (1991); Badinter (1985); Silveira (1998); dentre outros. Nesse sentido, depreende-se que não é o nascimento biológico que garante o nascimento psicológico, educativo, cultural, econômico, social e familiar do indivíduo, mas sim o ato da nominação e do reconhecimento do sujeito que se configura num sentimento concreto de pertencimento a um grupo que o acolhe. Como salienta This (1987, p. 20): "A paternidade está ligada ao problema da adoção já que, genitor ou não, adotamos nossos filhos. Eles também nos adotam: é o meu pai, é a minha mãe".

No fundo, todos somos adotivos, desde que realmente fomos escolhidos pelos nossos pais e mães (genitores ou não) e, por sua vez, se desejamos esse acolhimento paterno e materno, na nossa história sociofamiliar (Silveira, 1998). Essa escolha recíproca se consolida por meio do exercício de uma presença educativa, afetiva, cultural e econômica, constante e efetiva, delimitada por identidades marcadas por fronteiras que apresentam a função de situar o território de cada um no relacionamento familiar. Um pai torna-se pai ao reconhecer-se nesse lugar que o remete ao reconhecimento do filho ou da filha que se localiza numa outra posição familial. A indiscriminação das atribuições e tarefas que cabem às figuras parentais em relação ao sistema filial produzem situações graves de violência, como é o caso do abuso sexual intrafamiliar (Machado, 2002).

Nessas situações, a impressão que se tem é a de que não se sabe muito bem quem é pai, mãe e filha, já que o adulto, suposto cuidador, não representa a criança como sua própria filha, tal como se dá na maioria dos casos, devido à ideologia machista da nossa cultura.

Esses aspectos levantados, até aqui, assinalam que essa discussão merece ser aprofundada e debatida com afinco, pois envolve uma organização grupal que estabelece identidades configuradas numa identidade familiar que produz diversos arranjos familiares compostos de distintas maneiras de se viver coletivamente no espaço doméstico. Sendo assim, tanto a paternidade quanto a maternidade podem ser exercidas por diferentes componentes familiais próximos e protetivos na relação com as crianças e jovens. Não existe uma associação linear entre pai e paternidade e mãe e maternidade, tal como sugere o modelo hegemônico patriarcal burguês, que estabelece, por exemplo, o homem como único provedor familiar e a mulher como única cuidadora da prole, apesar das mudanças que vêm acontecendo marcadamente nas últimas décadas. Nesse ponto, Vasconcelos (1998, p. 43) nos indica que:

> Em nossa cultura, as ideias de pai e paternidade parecem se mesclar, formando um só corpo e referencial, porém esta relação não será sempre direta como pode parecer. Em grupos sociais diversos, dentro de uma mesma cultura ou em culturas variantes, a paternidade, por exemplo, pode ser exercida por outros sociais que não o pai biológico ou mesmo por aquele que acompanha o desenvolvimento do sujeito constituído como filho. Talvez a ideia de paternidade, naqueles casos, esteja associada à noção de prover, de dar sustento ou mesmo ter poder de decisão sobre a vida e o destino do(s) filho(s) / afilhado(s). Em outros casos, a função da paternidade poderá estar sendo exercida por alguém do gênero feminino (mãe, madrinha, "responsável"). Obviamente, também a noção e a função da paternidade variam e, muitas vezes, se contradizem, dependendo da geração e do momento histórico vivido.

Essas possibilidades revelam que estamos diante de um sistema vivo e que, consequentemente, apresenta-se de maneira dinâmica, cambiante e relativamente estável (Marques, 2003). Tentar impor um único modelo de se viver em família representa negligenciar as variadas maneiras que as famílias arranjam para se organizar diante das adversidades da vida. Entretanto, os arranjos familiares que divergem do modelo nuclear tradicional (pai, mãe, filhos e filhas, sob o mesmo teto) são tratados pelo senso comum e por alguns autores como "famílias desestruturadas" ou "famílias incompletas", dentre outras denominações pejorativas. Essa visão preconceituosa contribui para excluir a diversidade e reificar um olhar prescritivo que propõe estabelecer relações hegemônicas e hierárquicas no contexto sociofamiliar. No entanto, sabemos que a violência sexual intrafamiliar, por exemplo, ocorre predominantemente em famílias nucleares. Diante disso, não nos interessa avaliar o modelo familiar constituído, mas observar a qualidade das relações estabelecidas no grupo, ou seja, seu caráter protetivo, afetivo e discernente de funções e responsabilidades.

Nesse sentido, observamos que o ser humano é tão complexo que determinadas famílias se organizam em torno da violência. Estudos revelam que as tramas violentas são transmitidas por gerações consecutivas, tornando-se um fenômeno familiar transgeracional (Narvaz e Koller, 2004). Por outro lado, o sofrimento gerado por essas experiências é manifesto por sinais físicos e psíquicos nas relações sociais. A identificação desses ciclos de violência necessita ser debatida de forma a interrompê-los e (re)significá-los por meio da instalação de espaços de diálogo, na maioria dos casos, respaldados pelos aparelhos jurídicos, socioeducativos, psicossociais e assistenciais. Nota-se que a suposta ordem linear de um sistema familiar pretensamente estático se denuncia pela desordem que o constitui, pois, em um sistema vivo e complexo, há sempre algo que escapa (Morin, 1996).

Diante disso, o fenômeno da adoção deve ser tratado na sua complexidade por meio do enfrentamento de distintas formas que podem caracterizar os arranjos familiares. Obviamente que essa flexibilidade para tentar entender essa diversidade de configurações familiares não compartilha com relações violentas no âmbito familiar (Marques, 2003). Dentre outros elementos dessa trama, torna-se relevante considerar alguns aspectos históricos construídos em relação ao processo de constituição do significado que os processos adotivos foram assumindo no decorrer da nossa história cultural. Essa compreensão nos ajuda a perceber por que determinados preconceitos foram se constituindo como empecilhos para a configuração de adotantes e adotados na vida familial. Sendo assim, no próximo item, abordo alguns aspectos desse enredo.

Construção social da família: um pouco de história

Este item do texto se propõe a levantar aspectos históricos da construção do modelo familiar tradicional, instalado no decorrer da modernidade, com vistas a tentar identificar alguns elementos ideológicos que participam da constituição das atribuições familiares produzidas historicamente dentro de um modelo econômico baseado na acumulação de riqueza, concentrada nas mãos de um grupo minoritário privilegiado, em detrimento do empobrecimento e miserabilidade do restante da população. Nesse sentido, fica evidenciado o caráter privado atribuído à família moderna, já que sua configuração se estabeleceu alicerçada na preocupação com a garantia de posse da propriedade privada dos bens familiares e a consequente herança que deve ser transmitida aos seus descendentes.

Esse processo destoou do espírito comunitário característico dos clãs, linhagens e tribos, já que representavam organizações coletivas anteriores a esse padrão instituído pelo Estado burguês, o qual se respaldou por meio do registro formal do sobrenome dos componentes familiares em cartórios oficiais e do sacramento religioso, na Igreja Católica. Essa marca institucionalizada delineou um lugar prescrito para manter um sistema maior que se organizou por meio de relações hierárquicas e processos hegemônicos fundados no patriarcado. É curioso observar que, etimologicamente, a palavra família deriva de *famulus*, conforme Bilac (1995), um termo inventado pelos romanos para nomear aquelas tribos latinas introduzidas à escravidão legal. Em suma, o termo *famulus* representa "escravo doméstico". Diante disso, torna-se pertinente indagar: alguém já se sentiu assim no seu contexto sociofamiliar? Obviamente que nem todas as famílias reproduzem essa determinação histórica, porém o risco existe.

Sabe-se que, em alguns grupos domésticos, até hoje, é possível encontrar mulheres e crianças que se sentem escravizadas, exploradas, violentadas, vitimadas e anuladas. Por outro lado, alguns homens assumem papéis de verdadeiros déspotas e senhores da senzala, no âmbito familiar. Nesses contextos, estabelecem-se relações assimétricas geradoras de violência que afetam todos os envolvidos nessa trama social. Tendo em vista essa constatação, cabe-nos questionar a construção histórica dessas representações produtoras de quadros demarcados pela dominação e subordinação forçadas por um modelo que tenta se impor nos seus níveis econômicos, materiais e simbólicos (Bourdieu, 2003). Essa é a proposta deste capítulo, ou seja, procurar desnaturalizar a ideia de que existem papéis sexuais preditos por uma cultura, os quais são vistos como se tratasse de um essencialismo biológico, dado pela sua origem genética; ou como um essencialismo cultural, transmitido linearmente pelas gerações anteriores, e concebidos como algo prescrito e acabado (Oliveira, 2004). Faz-se necessário adotar uma posição crítica e ativa diante dessas imposições lineares.

Alguns estudos nos apontam que o modelo de família patriarcal burguesa começa a se delinear no século XVIII. Ariès (1981) e Szymanski (1995) apresentam funções bastante definidas para o pai, tido como único provedor familiar, um indivíduo trabalhador, honesto, guerreiro, desafeto e chefe de família. Por sua vez, a mãe foi representada como única cuidadora da prole, tida como afetiva, glorificada, dócil, submissa e chefe da casa. Como se nota, são posições maniqueístas que não suportam qualquer tipo de variação na sua organização. Obviamente que as concepções de paternidade e maternidade, dentro dessa lógica, se fundamentaram em ideias preconcebidas sobre a identidade do homem, visto como ser ativo, e da mulher, vista como passiva, apoiando-se, assim, em argumentos biológicos e/ou culturais, de base essencialista. Por sua vez, muitos pensadores de distintas áreas das ciências sociais reforçaram esse modelo androcêntrico, no qual o masculino se mostra como o único centralizador das decisões de poder e se torna o suposto detentor da lei, como ocorre, por exemplo, na visão psicanalítica (Oliveira, 2004; Machado, 2004).

Entretanto, a violência se estabelece por relações maniqueístas. Segundo Nolasco (1995), no sentido de viril/guerreiro ou se está de um lado da trincheira ou se está de outro, não há negociação, não é possível estabelecer diálogos. Vários conflitos familiares ocorrem devido a essa posição sectária de não se tentar rever atribuições e funções no sistema sociofamiliar. As identidades familiais, quando estabelecidas em modelos prescritos, não conseguem se mover, apesar dos atritos e dos sofrimentos ocasionados pela rigidez de papéis que se tornam insustentáveis. Contudo, a identidade representa um sistema vivo, sendo composta por um ser humano que se organiza, desorganiza e reorganiza, constantemente, diante das instabilidades da vida. "Assim, entendo a identidade de cada um como não-estática, estando em permanente processo de construção; não existe uma identidade pronta, inalterável" (Vasconcelos, 1998, p. 41).

Como se observa, o modelo patriarcal dominante não suporta os diferentes, seja na sua configuração interna ou no contexto extrafamiliar. Qualquer membro familiar que queira contrapor atribuições preditas pelo patriarca pode se ver excluído do grupo ou ser tratado com indiferença. Da mesma forma, famílias que se distinguem do padrão nuclear burguês (pai, mãe, filhos e filhas, vivendo no mesmo espaço doméstico) se veem discriminadas. Entretanto, é insuportável estabelecer um modelo único quando se trata de seres humanos que habitam um planeta dinâmico que se conserva e se alterna, ao mesmo tempo, incessantemente.

Nesse contexto, a instituição do modelo hegemônico patriarcal trouxe dificuldades para a aceitação de outras configurações familiares, apesar das mudanças ocorridas, destacadamente com o movimento feminista, a aprovação da lei do divórcio e o desemprego estrutural fomentado pelo projeto neoliberal no mundo globalizado, o qual afetou a posição masculina dos provedores, dentre outros fatores. Aliás, de acordo com estudo realizado por Fonseca (1995), constatou-se que, nos estados de São Paulo e Minas Gerais, no início do século XIX, a presença de famílias chefiadas por mulheres era tão comum quanto a existência da família conjugal.

No entanto, esse modelo pretensamente hegemônico ainda apresenta força simbólica no nosso imaginário cultural. Numa pesquisa que realizei com famílias que adotaram o trabalho infantil como estratégia de sobrevivência no centro da cidade de Belo Horizonte-MG (Marques, 2001), pude verificar que, apesar de 75% delas serem monoparentais femininas (chefiadas por mulheres), as mães idealizavam o modelo nuclear burguês como um padrão ideal de família e justificavam a falta do pai como álibi para o uso desse recurso de sobrevivência. Nesse sentido, nota-se uma contradição entre a família pensada e a família vivida. Tal ambiguidade pode gerar sentimentos de vergonha e de sofrimento por não estar cumprindo um modelo prescrito pela cultura. Esse fenômeno ocorre, obviamente, nas demais classes sociais, já que estamos situados num contexto judaico-cristão.

Nessa corrente, muitos especialistas entusiasmados com os seus saberes/poderes para tentar definir e decidir a vida das pessoas também passaram a determinar um modelo idealizado para as famílias candidatas aos processos de adoção nas agências sociais voltadas para esse fim. As informações sobre o casal se circunscrevem em torno da ideia de uma família estável e organizada, conforme o padrão nuclear burguês, avaliando, por exemplo, níveis de educação, instrução, hábitos, atitudes, condições de moradia e higiene. Nesse sentido, Ayres et al. (2002, p. 132) nos mostram, por meio de suas pesquisas, que na Agência de Adoção, criada em 1979, o critério de seleção das famílias obedecia a esse parâmetro:

> A afirmação que a família é o melhor lugar para o desenvolvimento da criança aplicava-se apenas a um determinado tipo de família tido como ideal. Essa instituição familiar "ideal", marcada por lugares determinados, possuía algumas características invariáveis como patriarcalismo, heterossexualidade e monogamia, que ao longo da

história foram se configurando em um modelo hegemônico, uma importante instituição estatal...

Reiteradamente, até nossos dias, ainda ouvimos as denominações "família desestruturada" ou "família incompleta", entre outras, para se referir às famílias organizadas de forma diferenciada em relação ao modelo patriarcal burguês, tanto no meio acadêmico quanto nas relações cotidianas em vários contextos sociais, inclusive nas escolas. Na literatura científica, também encontramos a presença desse olhar eurocêntrico que reproduz a ideologia dominante. Essa constatação revela que, além de se tentar negar as contradições sociais, presentes nas distintas realidades familiares, negligencia-se a diversidade étnico-racial característica da sociedade brasileira.

Na verdade, faltam estudos que adotem uma perspectiva antropológica crítica, com vistas a ampliar o entendimento sobre as influências culturais indígenas e africanas na configuração das múltiplas organizações e arranjos familiares que observamos no contexto das famílias brasileiras. Pesquisas antropológicas realizadas, como verificamos nos trabalhos de Woortmann (1987) e Neder (1994), são importantes para se reconhecer esses elementos histórico-culturais constitutivos dessa pluralidade de grupos domésticos marcados por tradições tribais matrilineares, patrilineares, poligâmicas/islâmicas, matrifocais etc. Não se trata apenas de dificuldades econômicas, como comumente se ouve no senso comum ou se lê em textos científicos. Existe uma teia imbricada de fatores que entranham componentes simbólicos e materiais numa trama complexa.

Atualmente, movimentos sociais ligados a diferentes orientações sexuais reivindicam o direito de constituírem legalmente a vida conjugal e familiar, como é o caso, por exemplo, da luta dos *gays* e das lésbicas. Trata-se de lutas que propõem questões importantes para se buscar rever o modelo familiar hegemônico, o qual é extremamente androcêntrico e burguês, já que a sua concepção defende que um verdadeiro homem deva ser heterossexual, branco e rico.

Todavia, não se leva muito em conta aspectos étnico-culturais e de relações de classe social no bojo dessas discussões, tendo em vista que tais processos compõem a configuração de casais homo-orientados. Aliás, muitos desses grupos reproduzem o padrão assimétrico instituído pelo padrão patriarcal, identificando mecanicamente que ser ativo representa uma característica masculina, e ser passivo um traço feminino na vida de um casal (Oliveira, 2004). Esse debate necessita ser fomentado e aprofundado para que se procure evitar cair em armadilhas, ante um enredo histórico e cultural tão diverso.

Nos processos de adoção, esse imaginário também povoa o inconsciente das famílias que se candidatam para essa finalidade. Por isso, observa-se que crianças e adolescentes masculinos negros e mestiços encontram extremas dificuldades para serem adotados (Eiterer, 2008). Nota-se uma associação linear que vincula masculinidade a violência, caracterizada por aquele indivíduo que representa a "maldição das ruas": encapetado, brigão, erotizado, desobediente, fujão, valentão etc. Todos esses estereótipos acabam contribuindo para a exclusão desses sujeitos em redes sociais e familiares protetivas. O estigma de potencialmente perigoso, agregado a preconceitos racistas, usurpa-lhes o direito social básico de pertencimento social a uma comunidade mais ampla e acolhedora. Esse sentimento de desfiliação, segundo Castel (1995), produz marcas dolorosas e profundas, levando alguns sujeitos a reagirem de forma violenta contra a sociedade que não lhes oferece proteção.

Todos esses aspectos necessitam ser bem discutidos nessas relações que se estabelecem entre famílias e adoções no mundo contemporâneo. São inúmeros fatores que atravessam a construção dessa possibilidade de acolhimento e escolha mútuos. Todavia, não pode se constituir numa atitude simplificada e benevolente. São vidas envolvidas numa trajetória pessoal e familiar que pode trazer felicidade para os membros familiares, como também deixar inscritas experiências sofridas que marcarão para sempre a subjetividade dos sujeitos que não vivenciarem um sentimento de pertença acolhedora, afetiva, educativa e presente. Nesse sentido, faz-se necessário refletir sobre as conexões existentes entre concepções familiares, relações de gênero, aspectos étnico-raciais, desigualdades e diferenças sociais envolvidas na teia relacional que envolve a decisão de se adotar uma criança ou adolescente na vida familiar.

Obviamente, não se pretende neste pequeno texto esgotar todas as questões que envolvem a configuração de processos adotivos. No entanto, tentou-se levantar alguns aspectos histórico-culturais que perpassam esses vínculos, no intuito de problematizar e tentar desconstruir prescrições lineares que dificultam o enlaçamento familiar dos sujeitos que participam desse cenário. Diante disso, acredita-se que uma postura crítica contribuirá para rever situações muitas vezes impeditivas para a consolidação de laços fraternos, maternos, paternos e afetivos, nesses contextos. Sendo assim, no próximo item tentarei discutir até que ponto a institucionalização dessa possibilidade adotiva pode representar algo capaz de gerar emancipação entre as pessoas ou simplesmente produzir formas compensatórias diante de um mundo tão desigual.

Famílias e adoção: desafios diante de distintas possibilidades de pertencimento

Como já indicado inicialmente, a adoção não representa algo novo na história da humanidade. Grupos e comunidades humanas se constituíram por meio da preocupação de cuidados mútuos, no sentido de se protegerem para tentar preservar a identidade grupal e comunitária e, consequentemente, as identidades pessoais de cada componente das linhagens, clãs, tribos e famílias. Todavia, na realidade brasileira, a institucionalização desse processo passou por variações que oscilaram desde a presença de posturas caritativas, salvacionistas, escravocratas, repressivas e assistencialistas até a construção de propostas de acolhimento e escolhas responsáveis, independentemente do modelo familiar, como se tem observado nos últimos anos com a promulgação do Estatuto da Criança e do Adolescente (ECA), em 13 de julho de 1990.

Ser reconhecido como abandonado ou abandonada, na história do nosso país, passou a representar alguém visto como "incapaz" ou "perigoso", que necessita da piedade alheia ou da repressão do Estado (Leite, 1998; Marques, 1993). Nesse viés assistencialista e repressivo, a criança, ou o adolescente, nessas condições, não encontrou outra possibilidade de se livrar dessa condição, a não ser se refugiando nas ruas e, com isso, caindo na armadilha de ser rotulada de "trombadinha, pixote ou pivete", dentre outras denominações pejorativas, além de sofrer represálias e discriminações. Penso que o ECA, entre outras ferramentas legais, constitui instrumento importante para se questionar e procurar desconstruir essas visões históricas carregadas de preconceito que criminalizam e inferiorizam a infância empobrecida e miserável.

Nossa cultura judaico-cristã, aliada a um Estado comprometido com as classes privilegiadas, juntamente com profissionais situados nos setores assistenciais, jurídicos, médicos e psicossociais, produziu visões salvacionistas carregadas de um forte sentimento higienista, próprio do final do século XIX. A ideia da necessidade de uma verdadeira limpeza urbana para se instalar uma "civilização" de base eurocêntrica nas cidades do mundo colonizado, visto como "primitivo", se tornou uma obsessão para se consolidar uma sociedade moderna e industrial. Esse contexto histórico deve ser avaliado nas suas entranhas, já que observamos resquícios veementes dessas representações na forma de se ver e compreender o problema da situação de crianças e jovens em situação de extrema vulnerabilidade social, até nossos dias. Quanto à realidade europeia da época, tornou-se um problema econômico-moral, como comenta Donzelot (1980, p. 85):

> Lá onde elas não são respeitadas, lá onde são acompanhadas de pobreza e, portanto, de uma imoralidade suposta, a suspensão do poder patriarcal permitirá o estabelecimento de um processo de tutelarização que alia os objetivos sanitários e educativos aos métodos de vigilância econômica e moral. Processo de redução da autonomia familiar, portanto, facilitado pelo surgimento, nesse final de século XIX, de toda uma série de passarelas e conexões entre a Assistência Pública, a justiça de menores, a medicina e a psiquiatria.

A ideia linear de se instituir um único modelo familiar destituía das famílias, precarizadas economicamente, a possibilidade de exercer seus vínculos de maternidade e paternidade, já que eram julgadas com base em argumentos econômico-morais de irresponsabilidade e incapacidade para cumprir o padrão hegemônico. A tutela passa a ser o instrumento estatal para justificar o fracasso desses grupos domésticos vulnerabilizados, retirando a autonomia dos sujeitos para reivindicarem os seus direitos sociais. Aos filhos e filhas desses grupos familiares cabia a institucionalização precoce, tal como propunha o Código de Menores de 1927; ou seja, aqueles entendidos, na época, como abandonados eram recolhidos em abrigos, orfanatos, prisões e internatos rurais. Essa desqualificação das famílias pobres foi preconizada também, aqui no Brasil, por especialistas amparados em argumentos a favor das supostas políticas de proteção à infância e à adolescência.

No que se refere à adoção, no nosso país, o processo se dava por simples escritura pública, até meados da década de 1960, tornando-se uma prática secundária, sem demanda suficiente para passar pelo antigo Código de Menores (Ayres et al., 2002). Esse procedimento era regulado por alguns artigos do Código Civil de 1917. Todavia, os critérios eram claros quanto ao julgamento dos genitores de baixa renda econômica, tidos como incapazes ou irresponsáveis; assim, as famílias adotivas eram enquadradas segundo o protótipo heterossexual e burguês. Por trás de um pretenso discurso em defesa da instalação de medidas protetivas para os desvalidos, ocultava-se o abandono familiar e social de grupos pertencentes às camadas subalternizadas por um regime opressivo e desigual. Quanto a isso, as autoras citadas, assinalam:

> Assim sendo, a instituição **adoção**[1], que se instaura através da política de bem-estar do menor e é corroborada pela prática dos especialistas da área social, nos parece bem mais uma estratégia política do Estado para a minimização dos efeitos de uma política excludente do que uma possibilidade de atendimento a singularidades de crianças e famílias (Ayres et al., 2002, p.135).

Diante disso, cabe-nos lutar para que ocorram rupturas com essas percepções conservadoras que excluem famílias que vivem em precárias condições de vida e, muitas vezes, estão organizadas em arranjos distintos do modelo dominante. O avanço das propostas jurídicas apresentadas no ECA, respaldado por vários movimentos sociais, ainda não conseguiu desconstruir olhares e narrativas que pregoam a menorização de quem está fora da ordem institucionalizada conforme os parâmetros hegemônicos. Muitos técnicos, até bem intencionados, acabam reproduzindo esse aparato burocrático que confina e isola, mais ainda, quem já está fora de vários processos de inclusão social. Basta observar as matérias jornalísticas (televisivas e escritas) para se deparar com noticiários que criminalizam a infância e a juventude das favelas, adotando o termo *menor* para se referir aos habitantes infantojuvenis dessas comunidades. Por outro lado, quando um adolescente da classe média ou média alta se envolve em delitos, se utiliza denominações do tipo *estudante* ou *jovem da zona sul*. Obviamente que todos esses sujeitos devem ser protegidos pelas instituições sociais. Todavia, não podemos cair em

---

1. Grifo em negrito das autoras citadas.

maniqueísmos que rotulam alguns como seres do mal, gente que mora na favela, e outros como do bem, "gente de boa família".

Como se nota, os processos de adoção não escapam desse cenário ideológico. Portanto, nesses termos é que devemos debater a temática aqui proposta. Temos que verificar e questionar como estão concebidas as políticas de proteção às famílias, antes de se propor alternativas de adoção para seus filhos e filhas, mesmo sabendo que a possibilidade do exercício da maternidade e da paternidade não se reduz a aspectos econômicos e materiais. Do contrário, pode-se cair em medidas paliativas institucionalizadas para enfrentar o descaso por famílias pobres e abandonadas, adotando um caráter excludente e compensatório, apesar da aparente benevolência contida no ato institucional dos processos adotivos.

Nesse enredo de construção social e histórica da realidade enfrentada por grupos familiares em situação de precariedade, devido ao modelo econômico extremamente desigual estabelecido no nosso país, com forte traço colonial, no início do século XX, filhas e filhos dessas famílias foram absorvidos como "criados" nos lares mais abastados. Essa estratégia representava, por um lado, um olhar caritativo diante de alguém carente, e, por outra perspectiva, de maneira ocultada, a exploração de mão de obra infantil. Na época, os infantes eram entregues por seus pais e mães como "a soldo" em uma "casa de família" até que completassem a maioridade para se empregarem. Isso é o que nos revela os estudos de Fonseca (1995, p. 34):

> Neste ponto, cabe levantar uma questão sobre trabalho infantil e mudanças no relacionamento adulto-criança desde o início do século. Em um estudo que conduzi sobre disputas judiciais pela guarda de menores entre 1900 e 1926, ficou claro que, na época, as crianças eram levadas como serviçais para vários lares mais remediados por seus pais, movidos pelo interesse nos salários. Mães e pais que tinham complacentemente aceitado ver seus filhos pequenos criados por outros, de repente se davam conta da importância de ter

a custódia dessas crianças exatamente na idade em que podiam ser empregadas.

Essas representações necessitam ser questionadas para que não se caia em posturas filantrópicas que escamoteiam processos de inclusão marginal e precária (Martins, 1997). No imaginário brasileiro, ainda habitam ideias que remetem ao período colonial-escravocrata, no sentido de inferiorizar e explorar aqueles grupos étnico-raciais descendentes de africanos, indígenas e mestiços. A concepção de criadagem remete a relações de dominação em que o dominado se reduz às suas capacidades físicas, como se fosse um animal de carga, um serviçal. Esses estereótipos contribuem para que não se percebam a criança e o adolescente das classes sociais de baixa renda econômica como sujeitos de direitos.

Nesse contexto, alguns projetos sociais vêm lutando para que se combata a exploração do trabalho infantil doméstico em lares de terceiros, como é o caso do projeto Circo de Todo Mundo, na cidade de Belo Horizonte (Teixeira e Anastácio, 2000), com apoio da Organização Internacional do Trabalho — OIT. Sabe-se que este tipo de trabalho proibido é executado predominantemente por meninas. A constatação dessa realidade nos revela resquícios do período escravocrata que necessitamos refutar. Esse tipo de atividade é também reconhecido como um trabalho executado por pequenos trabalhadores invisíveis, já que historicamente representa a ideia dominante de uma menina que é criada "tal como a filha da casa". Aqui se imbricam relações de classes sociais, étnico-raciais e também representações de gênero, presentes nesse contexto histórico-cultural.

Toda essa complexidade de fatores deve ser levada em conta quando se pretende instaurar um processo de adoção. Nota-se que um emaranhado de questões participa dessa configuração, que perpassa aspectos políticos, culturais, econômicos, sociais, educativos, jurídicos, educativos, dentre outros. Sendo assim, como tentei demonstrar no decorrer do texto, a adoção pode representar tanto uma medida compensatória que oculta a precariedade de vida de famílias em situação de extrema vulnerabilidade social, quanto uma possibilidade humana e necessária ante a impossibilidade do exercício da paternidade e da maternidade de alguns pais e mães, tendo em vista a análise de que o vínculo se constitui pelo reconhecimento do Outro e por uma escolha marcada pelo cuidado afetivo, educativo, protetivo, econômico e comprometida com um projeto voltado para uma vida cidadã.

Não nos cabe julgar aqui cada situação, mas tentar compreender os meandros envolvidos neste tipo de decisão, no intuito de procurar contribuir para que essas escolhas possam ser traduzidas em relações mais efetivas e geradoras de felicidade para os membros familiares. Se, por um lado, a adoção pode representar uma decisão equivocada que não problematiza as questões do abandono social de muitas famílias e suas crianças, por outra perspectiva pode se constituir numa ação humanizadora.

Em síntese, minha intenção, neste texto, não foi trazer uma conclusão a respeito desta temática. Porém, tentei suscitar algumas indagações que, penso eu, podem alertar gestores de políticas públicas, trabalhadores e educadores sociais, adotantes e adotados quanto a algumas tramas histórico-culturais que participam dessa tessitura. Espero que esse esforço seja capaz de levantar debates com vistas a promover um maior aprofundamento de um tema tão relevante e desafiador para a nossa realidade, como é o caso que envolve a dinâmica de processos adotivos.

Referências bibliográficas

ARIÈS, Philippe. *História social da criança e da família*. Rio de Janeiro: Guanabara, 1981. 279 p.

AYRES, Lygia Santa Maria et al. Olhares sobre a instituição adoção: família e pobreza em questão. In: NASCIMENTO, Maria Lívia do (Org.). *Pivetes*: a produção de infâncias desiguais. Niterói: Intertexto, 2002.

BADINTER, Elizabeth. *Um amor conquistado*: o mito do amor materno. Rio de Janeiro: Nova Fronteira, 1985. 370 p.

BILAC, Elizabeth Dória. Família: algumas inquietações. In: CARVALHO, Maria do Carmo Brant (Org.). *A família contemporânea em debate*. São Paulo: Cortez, 1995.

BRASIL. *Estatuto da Criança e do Adolescente*. Brasília: MEC, 2005.

BOURDIEU, Pierre. *A dominação masculina*. 3. ed. Rio de Janeiro: Bertrand Brasil, 2003. 158 p.

CASTEL, R. Que significa estar protegido? In: DABAS, Elina; NAJMONOVICH, Denise (Org.). *Redes, el linguage de los vínculos*. Argentina: Paidós, 1995.

DONZELOT, Jacques. *A polícia das famílias*. Rio de Janeiro: Graal, 1980. 209 p.

DOR, Joël. *O pai e sua função em psicanálise*. Rio de Janeiro: Jorge Zahar, 1991. 123 p.

EITERER, Carmem Lucia. *As três vidas de Fred*. Belo Horizonte: Mazza Edições, 2008. 31 p.

FONSECA, Cláudia. *Caminhos da adoção*. São Paulo: Cortez, 1995. 151 p.

LEITE, Ligia Costa. *A razão dos invencíveis*: meninos de rua — o rompimento da ordem (1554-1994). Rio de Janeiro: UFRJ/IPUB, 1998. 228 p.

MACHADO, Andréa. Novas configurações familiares, abuso sexual e indiscriminação de papéis na família. In: AGOSTINHO, Marcelo L.;

SANCHES, Tatiana Maria (Org.). *Família*: conflitos, reflexões e intervenções. São Paulo: Casa do Psicólogo, 2002.

MACHADO, Lia Zanotta. Masculinidades e violências: gênero e mal-estar na sociedade contemporânea. In: SCHPUN, Mônica Raisa (Org.). *Masculinidades*. São Paulo: Bomtempo Editorial; Santa Cruz do Sul: Edunisc, 2004. p. 35-78.

MARQUES, Walter Ernesto Ude. Famílias. *Presença Pedagógica*, Belo Horizonte, v. 9, n. 53, p. 70-73, set./out. 2003.

_____. *Infâncias (pre) ocupadas:* trabalho infantil, família e identidade. Brasília: Plano Editora, 2001. 229 p.

_____. *Produção das crianças e dos adolescentes marginalizados*. 1993. 223 f. Dissertação (Mestrado em Educação) — Faculdade de Educação, Universidade Federal de Minas Gerais, Belo Horizonte, 1993.

MARTINS, José de Souza. *Exclusão social e a nova desigualdade*. São Paulo: Paulus, 1997. 144 p.

MORIN, Edgar. *Ciência com consciência*. Rio de Janeiro: Bertrand, 1996. 344 p.

NARVAZ, Martha; KOLLER, Sílvia H. Famílias, gêneros e violências: desvelando as tramas da transmissão transgeracional da violência de gênero. In: STREY, Marlene; AZAMBUJA, Mariana P. Ruwer; JAEGER, Fernanda Pires (Org.). *Violência, gênero e políticas públicas*. Porto Alegre: Edipuc-RS, 2004. p. 149-176.

NEDER, Gizlene. Ajustando o foco das lentes: um novo olhar sobre a organização das famílias no Brasil. In: KALOUSTIAN, Silvio M. (Org.). *Família brasileira*: a base de tudo. 4. ed. São Paulo: Cortez, 1994. p. 26-46.

NOLASCO, Sócrates. *O mito da masculinidade*. 2. ed. Rio de Janeiro: Rocco, 1995. 187 p.

OLIVEIRA, Pedro Paulo. *A construção social da masculinidade*. Belo Horizonte: UFMG; Rio de Janeiro: IUPERJ, 2004. 347 p.

SILVEIRA, Paulo. *Exercício da paternidade*. Porto Alegre: Artes Médicas, 1998. 223 p.

SZYMANSKI, Heloisa. Teorias e "teorias" de famílias. In: CARVALHO, Maria do Carmo Brant (Org.). *A família contemporânea em debate*. São Paulo: Cortez, 1995. p. 23-27.

TEIXEIRA, Maria Eneide; ANASTÁCIO, Vera Lúcia A. *Circo de todo mundo*: uma história de magia e cidadania. Belo Horizonte: PBH, 2000. 91 p.

THIS, Bernard. *O pai*: o ato do nascimento. Porto Alegre: Artes Médicas, 1987. 250 p.

VASCONCELOS, Vera M. R. Desenvolvimento humano, psicologia e cultura. In: SILVEIRA, Paulo (Org.). *Exercício da paternidade*. Porto Alegre: Artes Médicas, 1998.

WOORTMANN, Klass. *A família das mulheres*. Rio de Janeiro: Tempo Brasileiro, 1987. 316 p.

Capítulo 2

Preconceito e restrições no processo de adoção de crianças no país

Ceris Salete Ribas da Silva *

O debate sobre as desigualdades sociais no país e sua relação com o abandono de crianças e os processos de adoção é muito mais complexo e multifacetado do que pensamos. Ao nos depararmos com as diversas facetas que compõem o problema da adoção de crianças e jovens (por exemplo, a idealização de família; o perfil das crianças para adoção, das famílias biológicas e dos adotantes; os critérios de seletividade — idade, sexo, cor, saúde — para escolha das crianças; os avanços no campo do direito; as representações que se constroem sobre quem adota e quem abandona, seja nos meios de comunicação ou na literatura), inevitavelmente, nos colocamos frente a frente com a luta pelo respeito a uma infância digna. Por isso é importante, entre outros aspectos, ampliar os espaços de

---

* Professora do Departamento de Métodos e Técnicas da Faculdade de Educação da UFMG.

discussões sobre a adoção de crianças e jovens, levando esse tema para o interior das escolas com o objetivo de promover o diálogo e a troca de experiências sobre as tensões e os interesses que fazem parte da luta pela garantia dos direitos sociais em nosso país. Isso significa considerar que essa luta pela eliminação das desigualdades sociais também passa pela reflexão das características das práticas culturais, políticas e pedagógicas solitárias e excludentes.

Procurando contribuir para esse debate, este capítulo pretende refletir sobre algumas das variáveis constitutivas dos processos de adoção de crianças e adolescentes abandonadas no país, sob as quais se considera a existência de restrições ou preconceitos que criam expectativas negativas e rejeições em relação à inserção dessas crianças em uma nova estrutura familiar. Trata-se, portanto, de analisar o tema da adoção sob duas perspectivas: na primeira abordaremos a imagem negativa que se constrói em torno das famílias que entregam ou abandonam seus filhos para adoção e de como essas representações geram a construção de estereótipos e preconceitos. Pretende-se refletir sobre as formas mais comuns de se perceber e interpretar as razões que levam uma mãe a entregar seu filho para adoção, assim como as circunstâncias que envolvem esse ato. A tendência dominante, nesses casos, é a de se associar a entrega ou abandono do filho apenas à figura materna e vê-la como pessoa estigmatizada e de má conduta. Sob essa ótica, deixa-se de analisar esse problema social a partir de outros determinantes além dos psicológicos, sobretudo aqueles associados às políticas sociais restritivas à família e à mulher.

A segunda perspectiva refere-se às restrições e preconceitos denunciados em diversos estudos que analisam os processos de adoção nas Varas de Infância e Justiça do país. Trata-se de analisar as condutas e as expectativas de diferentes agentes envolvidos (profissionais da área de adoção, pretendentes à adoção e crianças abandonadas) nos processos de adoção de crianças e jovens, de modo a caracterizar as expectativas dos adotantes sobre os atributos físicos das crianças. Essas expectativas, resultantes de um ideal de similaridades e identidade de seus projetos familiares, tendem a se configurar, muitas vezes, como manifestações preconceituosas, pois representam tentativas de controle das marcas da condição de classe social inferior dessas crianças e jovens — cor da pele, tipo de cabelo, desnutrição — que esperam por um lar nas instituições e abrigos do país.

Essas duas perspectivas de análise — a imagem negativa criada na sociedade sobre o perfil das mães que entregam seus filhos para adoção e as expectativas idealizadas de constituição de uma família pelos pretendentes à adoção — são elementos que se articulam e se contrapõem (quem abandona e por quê? Quem adota e sob que condições?) e, por isso, exigem reflexões sobre as razões que mobilizam os sujeitos de cada um desses grupos (famílias biológicas e famílias adotantes) e os efeitos que provocam ao criarem restrições e formas de exclusão para a inserção de crianças em um novo lar.

As representações sobre as mães que entregam seus filhos para adoção

Por que a imagem que temos da mãe que entrega um filho para adoção está sempre associada a uma pessoa estigmatizada e/ou de má conduta? Como essa imagem negativa se constrói na sociedade? Quem são essas mulheres e que razões as mobilizam para tomarem esse tipo de decisão?

Talvez uma explicação para essa imagem negativa das mães biológicas possa ser construída a partir da análise dos recentes casos registrados pela mídia em várias regiões do Brasil. Uma reflexão sobre o discurso veiculado sobre a adoção e o abandono de crianças na imprensa do país nos revela, por exemplo, como a veiculação de julgamentos e manifestações de valores pode contribuir para a construção de estereótipos e preconceitos sobre quem são as mães das crianças abandonadas.

Alguns estudos na área da adoção, como os de Abreu (1998) e Gagno (2002), investigam como esse tema é abordado pelos meios de comunicação de massa e analisam a gênese dos discursos midiáticos sobre a questão adotiva. O trabalho de Abreu, por exemplo, discute as adoções internacionais de crianças brasileiras por famílias francesas e investiga como a imprensa local constrói um discurso de salvação infantil ou, quando caracterizam as decisões dos casais adotantes, tendem a associar suas imagens à de promotores da vida. Já o trabalho de Gagno trata das representações publicadas em duas revistas de grande circulação no Brasil. O autor conclui apontando o predomínio de uma abordagem "clássica" sobre a adoção, por meio da qual se elegem apenas os aspectos legais e psicológicos da adoção de crianças; por isso, as revistas selecionam como público-alvo os casais com problemas de esterilidade. Mas é o trabalho de Weber (1999) que chama mais a atenção para os efeitos negativos da mídia para a adoção de crianças no país, ao denunciar seus efeitos na manutenção de preconceitos sociais. A autora explica, nesse estudo, a existência de uma abordagem dramática dos discursos veiculados na mídia, por meio dos quais se coloca a perda inicial dos pais biológicos como condição determinante dos problemas de adoção.

Interessados nas contribuições e nas possibilidades de análise dessa perspectiva investigativa, mas sem a pretensão de se fazer um estudo aprofundado nessa área, realizamos um levantamento de algumas notícias veiculadas recentemente, que tratam do abandono de crianças no país. Ao utilizar esse tipo de procedimento, pretende-se caracterizar as formas de tratamento que são associadas à figura materna pela imprensa do país. Essa decisão pela análise de algumas notícias veiculadas na imprensa brasileira também se apoiou no pressuposto de que o jornal, como um impresso multifacetado e cada vez mais utilizado como material didático nas práticas escolares, pode ser uma importante fonte de informação para subsidiar os debates e reflexões sobre o tema adoção nas escolas. Portanto, foi com essas intenções que realizamos esse pequeno levantamento[1] de notícias publicadas em um veículo de grande circulação nacional, com objetivo de mapear as formas de abordagem do discurso na mídia impressa sobre as mães de crianças abandonadas. A análise dos conteúdos das reportagens selecionadas nos auxilia a compreender como a sociedade percebe de forma preconceituosa a figura de quem entrega um filho para adoção.

Um primeiro aspecto que chama a atenção é a preferência pela divulgação de notícias sobre o fato de crianças recém-nascidas serem abandonadas no lixo, em via pública, na porta de casas, em terrenos baldios, bares ou instituições. Os exemplos apresentados constatam esse tipo de preferência.

16 ago.2007.Um *menino recém-nascido foi encontrado abandonado em um terreno baldio, dentro de uma sacola plástica, ontem (15), em Esmeraldas (MG).* (http://www1.folha.uol.com.br/folha/cotidiano/ult95u320554.shtml)

9 set.2007.*Uma menina recém-nascida foi encontrada abandonada debaixo de um carro, na rua Monsenhor Manoel Gomes, no Caju (zona portuária do Rio), na tarde de ontem (8).* (http://www1.folha.uol.com.br/folha/cotidiano/ult95u326974.shtml)

2out.2007.*O quadro de saúde da menina recém-nascida que foi atirada pela mãe de uma janela no rio Arrudas, em Contagem (MG), se agravou na noite de ontem (1º).* (http://www1.folha.uol.com.br/folha/cotidiano/ult95u333173.shtml)

7fev.2008.*Um bebê de três meses foi abandonado em um bar pela própria mãe na noite de quarta-feira (6) no Jardim Paulistano, em Franca (400 km a norte de São Paulo).* (http://www1.folha.uol.com.br/folha/cotidiano/ult95u370392.shtml)

---

1. Foram selecionadas onze notícias sobre o tema abandono de crianças publicadas na *Folha Online*, no período de 2006-2009 e duas publicas no *G1.Globo.com*.

Pode-se observar, nesses exemplos, o predomínio do discurso da vulnerabilidade de risco da vida das crianças por meio de informações como: "encontrado dentro de uma sacola plástica", "debaixo de uma carro"; ou pela descrição dessa intencionalidade: "atirada pela mãe de uma janela", o que nos possibilita associar esse gesto também ao desejo de morte dessas crianças por suas mães.

Outro aspecto que merece atenção no discurso veiculado é o fato de que é sempre a figura feminina (as mães), e nunca a masculina, que está associada diretamente aos casos de abandono de crianças.

É importante ressaltar a ambiguidade de sentido na frase "[...] que foi atirada pela mãe de uma janela no rio Arrudas [...] em vez de "foi atirada de uma janela pela mãe", que parece resultado de uma intenção de se fixar a violência do gesto e até de suscitar na mente do leitor a insensibilidade e a frieza da mãe.

Podem-se observar ainda outras manchetes:

14 fev. 2006. **Mãe abandona filha recém-nascida no interior de São Paulo**
(http://www1.folha.uol.com.br/folha/cotidiano/ult95u118305.shtml)

15 fev. 2006. **Mãe abandona bebê em caixa de papelão na zona sul de São Paulo**
(http://www1.folha.uol.com.br/folha/cotidiano/ult95u118334.shtml)

15 out. 2006. **Mães abandonam filhos por razões patológicas e sociais**
(http://g1.globo.com/Noticias/Brasil/0,,AA1311267-5598,00.html)

31 out. 2006. **Mãe deixa bilhete e abandona recém-nascida em maternidade de Minas**
(http://www1.folha.uol.com.br/folha/cotidiano/ult95u127649.shtml)

7 fev. 2008. **Mãe abandona filho de três meses em bar de Franca** (SP) (http://www1.folha.uol.com.br/folha/cotidiano/ult95u370392. shtml)

Por meio desses exemplos, é possível perceber como prevalece a identidade atribuída à mulher, social e historicamente construída, sobretudo no que se refere à pressão social relacionada à maternidade que, consequentemente, gera medo e vergonha de desafiar o mito do amor materno inato. Talvez esses elementos nos auxiliem a compreender a origem dos julgamentos e modos de formar opinião sobre as condutas dessas mulheres.

As informações apresentadas nas reportagens sobre as condições em que ocorrem os abandonos de crianças evidenciam determinados posicionamentos dos editoriais ante a figura materna: algumas mães, quando abandonam, colocam a vida da criança em risco ou mesmo o fazem com intenção de provocar sua morte. O trecho de uma notícia, reproduzida a seguir, ilustra esses casos:

> **Mãe abandona bebê em terreno baldio após parto em Minas**
>
> Um menino recém-nascido foi encontrado abandonado em um terreno baldio, dentro de uma sacola plástica, ontem (15), em Esmeraldas (MG). De acordo com a Polícia Militar, a mãe o arremessou por cima do muro de casa logo após o parto. O bebê foi socorrido e passa bem.
>
> (*Folha Online*, 16 ago. 2007)

Em Minas Gerais, em agosto de 2006, um caso de abandono recebeu grande espaço na imprensa, ao relatar e documentar o abandono de uma menina recém-nascida, jogada na Lagoa da Pampulha. Após ser encontrada boiando dentro de um saco plástico, a criança foi salva por alguém que passava e depois disputada por várias famílias, para adoção.

Diante disso, podemos concluir, assumindo uma diferente perspectiva sobre os fatos noticiados, que embora existam pessoas que rejeitam seus filhos, há também outras que se dispõem a salvar, cuidar e até adotar essas crianças, num gesto de compreensão e desprendimento.

Outras mães, ao contrário do exemplo apresentado anteriormente, embora também sejam responsabilizadas pelo abandono de seus filhos, fornecem informações que podem ser interpretadas como cuidado e atenção, apesar do aparente gesto de abandono. Assim somos levados a pensar que esse ato pode ter sido mobilizado ou gerado por intenções morais de valores positivos, ou seja, pode tratar-se de uma decisão de entrega da criança a outra família, com o propósito de oferecer-lhe os cuidados e as condições materiais de vida mais dignas. Nesses casos, ao contrário daquele descrito anteriormente, que está associado a um gesto de violência, o abandono de crianças pode ser interpretado como um gesto de amor. Os trechos das duas notícias apresentadas a seguir nos possibilitam identificar como esses discursos se constroem.

Mãe abandona bebê em caixa de papelão na zona sul de São Paulo
Uma menina com apenas um dia de vida foi abandonada terça-feira (14) em frente a uma casa em Americanópolis, zona sul de São Paulo. Ela estava enrolada em uma colcha, dentro de uma caixa de papelão, em frente a uma casa na rua Malavi. Na caixa, um bilhete apelava para que quem encontrasse a criança não a entregasse para adoção.

(*Folha Online*, 15 fev. 2006)

Recém-nascida é abandonada em terminal de ônibus de Florianópolis (SC)
Uma recém-nascida foi encontrada no terminal de ônibus de Florianópolis (SC) na tarde desta terça-feira (5).

Segundo informações da Polícia Militar, por volta das 16h de hoje, uma mulher ligou para o terminal e informou que havia um bebê no banheiro feminino. A criança foi encontrada pelos policiais militares enrolada em um cesto. Nele, um bilhete com um pedido para que a criança fosse adotada.

(*Folha Online*, 5 fev. 2008)

De maneira geral, nos textos analisados, as histórias de cada uma das mães que abandonam seus bebês, que os rejeitam e/ou os expõem ao risco de morrer, tendem a ser abordadas de forma dramática e carregadas de julgamento moral. Por isso, os relatos são acompanhados de explicações sobre os aspectos psicológicos que podem levar ao ato de abandono — transtornos mentais das mães, casos de violência, maus-tratos, por exemplo. As razões sociais, legais, institucionais que dão origem ao problema não aparecem nos casos que foram analisados.

É nesse contexto que surge a necessidade de uma discussão mais ampla dos fatores que levam as famílias a entregarem seus filhos para adoção, pois, certamente, essa visão psicológica do problema é apenas uma das facetas que envolvem esse tema tão complexo.

Sabemos que todos os casos de abandono de crianças e jovens se constroem por meio de histórias diferentes. Assim, quando refletimos sobre os efeitos das notícias veiculadas na mídia, somos levados a questionar as possíveis contribuições da mídia para a discussão do tema da adoção e, sobretudo, a indagar se, de fato, quando tratamos de abandono de crianças no país, podemos nos referir a mães que não querem ficar com seus filhos. Talvez devêssemos perguntar: por que a mãe não quer ficar com seu próprio filho? Ou ainda: seriam apenas as questões psicológicas os principais determinantes dessas condutas?

Considerando a significativa participação dos meios de comunicação de massa na construção social da realidade contemporânea, deve-se ressaltar sua grande responsabilidade em possibilitar uma reorientação dos conceitos e práticas sociais. Entretanto, isso não se aplica às discussões sobre a adoção, pois, quando se divulgam notícias pretensamente completas e críticas sobre tais fatos, reforçam-se ainda mais os preconceitos populares, causando prejuízos, principalmente às famílias adotivas e às crianças à espera de adoção.

Além dessa abordagem, pode-se também tratar o problema da adoção sob outra perspectiva. Consideramos, por exemplo, que não é possível discutir o tema do abandono e adoção de crianças e jovens sem relacioná-lo diretamente com a questão da exclusão social, à qual parte da população do país está submetida. Trata-se, portanto, de analisá-los como grupos diferenciados, procedentes das camadas mais desfavorecidas social e economicamente, que não têm acesso às condições mínimas necessárias para uma sobrevivência digna — questões diretamente relacionadas às crianças e jovens abandonados. Isso significa que é necessário associar a origem das famílias biológicas das crianças e jovens abandonados ou entregues para adoção à realidade social do país.

Diante dessas considerações, podemos refletir sobre como os aspectos relativos às desigualdades sociais no país podem nos auxiliar a compreender a relação existente entre infância e abandono.

As relações entre condições de vida e risco para a infância no país

Os dados recentes do PNAD-2007, divulgados em 2008 pelo Instituto Brasileiro de Geografia e Estatística (IBGE)[2], podem nos auxiliar na construção do contexto em que vivem os grupos sociais de risco no país. O Instituto divulga anualmente os dados sobre os indicadores sociais da população brasileira, a partir dos quais analisa as condições de vida da população do país, apoiando-se em

---
2. Síntese de Indicadores Sociais, IBGE, 2007.

informações socioeconômicas sobre os arranjos familiares mais comuns. Embora os resultados apresentados no ano de 2007 indiquem avanços positivos em relação aos dos anos anteriores, a nossa realidade não é nada animadora. Podemos afirmar que o crescimento da pobreza, da violência e a diminuição da qualidade de vida ainda são realidades inquestionáveis sobre as condições de sobrevivência de parte significativa da população brasileira.

A partir de uma análise comparativa dos dados divulgados nos últimos anos pelo IBGE, podemos concluir que, de certa forma, a pobreza do país diminuiu nos últimos dez anos. Contudo, a análise das condições de vida de parcela significativa da população brasileira nos permite concluir que a pobreza ainda continua a afetar, e com muito mais intensidade, as crianças e adolescentes. Quando tratamos de pobreza, tomamos como referência o fato de que cerca de 30% dos brasileiros vivem com rendimento familiar mensal de até meio salário mínimo *per capita*. Se considerarmos os casos dos domicílios com crianças e adolescentes de 0 a 17 anos, essa proporção sobe para 46%. Chama mais a atenção ainda o percentual de domicílios com rendimento familiar mensal de até ¼ do salário mínimo e com crianças, que chega a 19,6%.

Outro dado importante apresentado pelo PNAD de 2007 refere-se à constituição das famílias com filhos menores de 16 anos. Os dados coletados mostram que cresceu de 19,2% para 21,8% a proporção do tipo monoparental, ou seja, quando há a presença de apenas um dos cônjuges. Esse crescimento é explicado pelo levantamento dos dados do registro civil que aponta para o aumento das separações conjugais. O que mais chama a atenção, entre os arranjos familiares, é o fato de a mulher estar se tornando a pessoa de referência: 52,9% nessas formas de constituição familiar. Já nas unidades unipessoais, o percentual de mulheres é maior em decorrência da mais elevada expectativa de vida feminina.

Também é interessante observar a baixa frequência de arranjos familiares com homens na chefia sem a presença de cônjuge

(3,3%) e com filhos. Associada à baixa renda e ao crescimento da mulher como única figura responsável pelos filhos, a baixa escolarização da população é outro fator que precisa ser considerado. Isso porque a questão do analfabetismo está diretamente relacionada ao rendimento familiar. Segundo o PNAD, no conjunto da população que vivia com rendimento familiar *per capita* de até meio salário mínimo, constata-se que cerca de 18% eram analfabetos no ano de 2007.

Finalmente, esses dados relativos ao fator socioeconômico também nos possibilita traçar o perfil do grupo dos mais excluídos socialmente, que apontam os nordestinos como grupo majoritário — 10,5 milhões, 53,5% do total — dos migrantes brasileiros. Como era de se prever, o Nordeste (51,6% da população total) continua sendo a região que, reconhecidamente, apresenta o maior percentual de pessoas com rendimento familiar mensal de até meio salário mínimo *per capita*. E a região Sudeste continua a ser o maior polo de atração dos emigrantes nordestinos, uma vez que 66,7% se dirigiram para essa região.

O cruzamento desses dados nos leva às seguintes conclusões: cerca de 30% da população vive aproximadamente com meio salário mínimo, ou seja, em condições de miséria. Desse segmento, grande parte das famílias é mantida por mulheres, sendo grande parte analfabeta e composta de migrantes do Nordeste brasileiro. Os dados do PNAD também mostram que, quanto mais nova a criança, maior a probabilidade de estar em situação mais vulnerável, qualquer que seja a região do país. Quando se destaca apenas a população jovem da região Nordeste (de 0 a 17 anos), o percentual nessa faixa de rendimento de até meio salário mínimo *per capita* passa para 68,1%. Destes, 36,9% viviam com somente até ¼ do salário mínimo de rendimento familiar. Entre as crianças menores de 6 anos do Nordeste, o percentual das que viviam com até ¼ do salário mínimo de rendimento familiar é ainda mais expressivo: 39,2%.

Podemos afirmar que na sociedade brasileira temos um grande contingente de excluídos socialmente, e acreditamos que esse contexto social de precárias condições de sobrevivência favorece e/ou contribui para que muitas crianças sejam abandonadas ou entregues para adoção. A constatação a que chegamos é a de que a desigualdade social (que tem entre suas consequências a desestrutura familiar e a situação de vulnerabilidade das crianças, seja em relação à sua saúde, à educação ou ao seu direito de permanecer no seu grupo familiar de origem) está diretamente relacionada com o número expressivo de crianças aguardando a adoção em instituições.

Mãe que abandona o filho: quem é esta mulher?

Diversos estudos sobre adoção têm procurado traçar o perfil das famílias que recorrem às Varas da Infância e Juventude, as que abandonam seus filhos em hospitais ou entregam, de forma consentida, as crianças diretamente para outras famílias cuidarem e criarem. Embora muitos casos de crianças recém-nascidas abandonadas em hospitais, ou em outros locais, não permitam levantar, de forma precisa, os dados sobre a origem social da família biológica, alguns estudos sobre o perfil das famílias nos fornecem alguns indicadores importantes sobre as condições sociais em que vivem essas mulheres e a relação dessas condições com a impossibilidade de criarem seus próprios filhos.

Fávero (2000 e 2001), analisando os dados cadastrais levantados em 201 processos de destituição de poder na justiça de São Paulo, apresenta importantes contribuições para compreendermos o perfil das famílias que entregam seus filhos para adoção. Embora reconheça a negligência e a violência doméstica como fatores que levam ao abandono de crianças, os condicionantes socioeconômicos prevalecem sobre os demais fatores. Outro fator importante apontado é a desresponsabilização da paternidade da criança pela figura masculina. Os dados coletados na pesquisa apontam que 76,6% dos processos analisados se referem às destituições de mães, e apenas 23,4% se referem aos pais, além de não ter sido encontrado nenhum caso de criança registrada pelo próprio pai. A situação de desemprego e a baixa remuneração configuram-se como situações de risco social presentes na maioria dos casos analisados. Esse quadro é comprovado na pesquisa quando se identifica que cerca de 20,1% das mulheres que trabalham estão em ocupações que oferecem baixa remuneração, como as relacionadas ao trabalho doméstico.

Também caminha nessa mesma direção sobre o perfil das mães que abandonam os filhos a pesquisa realizada por Freston (2001)[3], ao levantar informações sobre as condições de vida de 53 das mulheres que entregaram seus filhos para adoção logo após o parto. O que diferencia os dois trabalhos é que Freston procura desconstruir o mito de que essas mulheres não se preocupam com o destino de seus filhos. A preocupação das mães biológicas com seus filhos é identificada, por exemplo, pelos cuidados que têm com a gestação da criança durante a gravidez. Constata-se que mais da metade das pacientes chega a cumprir as consultas de pré-natal, sendo que os casos de tentativas de aborto representam apenas 9% do grupo pesquisado. Os estudos que analisam esse tipo de relação das mães biológicas com seus filhos defendem a doação da criança como um gesto de amor. Gonzalez e Albornoz (1990)[4] também defendem essa linha de interpretação e explicam que a adoção pode ocorrer como única alternativa para proteger o filho do desamparo social.

---

3. A pesquisa foi realizada na enfermaria de Obstetrícia do Centro de Atenção Integral à Saúde da Mulher, da Universidade de Campinas, com o objetivo de examinar os fatores que contribuem para a decisão materna de doar um filho.
4. Citados por Ivana S. P. B Mello no artigo "Percepção de homens e mulheres acerca de quem entrega um filho para adoção". *Revista Psicologia, Ciência e Profissão*, Curitiba, v. 21, n. 3, p. 76-83, 2003.

Ao descrever o perfil socioeconômico das mães, Freston (2001) conclui que se trata, em sua maioria, de mulheres solteiras, com idade superior a 20 anos, migrantes das regiões mais carentes do país, possuidoras de baixa escolaridade, cuja principal ocupação (coincidente com o trabalho de Fávero) é o trabalho doméstico em casa de famílias. Contudo, tanto Freston quanto Santos (2001)[5], embora admitam a importância dos fatores de ordem socioeconômica como um dos determinantes da entrega de um filho, defendem que eles não são suficientes para explicar essa decisão das mães. Santos (2001) defende que também é preciso considerar os aspectos psicológicos, ou seja, as motivações interiores que levam essas mulheres à doação e alerta para que se evite uma leitura moralizadora ou ideologicamente tendenciosa acerca dessa questão, pois se trata de considerar as diferenças culturais, ideológicas e individuais desses grupos sociais.

Além dos fatores psicológicos e socioeconômicos, Freston (2001) também chama a atenção para as formas particulares de se declarar o estado civil, uma vez que a condição parental é outro fator que influi na decisão para o abandono das crianças.

Nas entrevistas com o grupo de mulheres participantes de sua pesquisa, o autor destaca o fato de que, embora a maioria se classifique como "solteiras", isso não significa que inexista outras formas de "arranjos conjugais". Contudo, conclui-se que esse tipo de "arranjo", geralmente desfavorável às mulheres, tende a ser estruturados sob a ótica machista. Ou seja, quando as mulheres comunicam a gravidez aos seus parceiros, comumente recebem como resposta a negação da autoria da paternidade, configurando-se uma situação de ausência paterna. No entanto, embora contribua de forma significativa para a doação da criança, não aparece como dado expressivo na situação dessas mulheres. Em decorrência dessa condi-

---

5. Idem, ibidem.

ção conjugal, a responsabilidade sobre a decisão e ação de entregar os filhos recai apenas sobre a mulher. Pode-se concluir ainda que a questão do abandono familiar dessas mulheres é um traço visível, pois é muito comum que cheguem desacompanhadas ao hospital ou, quando possuem algum laço, chegam escondidas de seus familiares. A perda desses laços familiares também pode ser explicada pelo fator socioeconômico, decorrente da migração de outras regiões do país, que gera o afastamento geográfico. O trabalho de Freston (2001) explica que, cientes dessas condições de vida das mães biológicas, muitos profissionais envolvidos com a adoção de crianças chegam a afirmar que a mãe, após o período da gravidez, entrega o filho e não é mais encontrada.

Já a pesquisa realizada por Gueiros (2007)[6] procura caracterizar a origem das famílias biológicas de crianças entregues pelos próprios pais para adoção ou cuidados de outras famílias. O que diferencia o trabalho de Gueiros dos anteriores é o fato de que a autora investiga os aspectos que envolvem a entrega consentida de crianças para outras famílias. Em sua pesquisa, a autora traça o perfil das famílias biológicas por meio de dados como faixa etária, cor de pele, naturalidade, estado civil, grau de instrução e condições socioeconômicas dessas famílias. Destaca-se em seu trabalho a desconstrução da ideia da gravidez na adolescência como razão principal do abandono de crianças, associando-a muito mais à falta de oportunidade de desenvolvimento profissional das mães que fazem parte desse estudo. A maioria (59%) das mulheres entrevistadas na pesquisa são jovens e adultas, na faixa etária entre 19 e 27 anos. Desse grupo, quase metade (47%) é originária dos estados do Nordeste e vive em condições precárias de sobrevivência, sendo o

---

6. Em seu trabalho, *Adoção consentida*, Dalva Gueiros realiza um levantamento de dados sobre as adoções nacionais ocorridas no ano de 2005. Os dados foram fornecidos pelo Cartório da Vara e Juventude, criado em 1983 pelo controle de Movimento Judiciário de Primeiro Grau do Tribunal de Justiça do Estado de São Paulo.

trabalho doméstico a principal ocupação entre as mães entrevistadas. Nota-se coincidência desses dados com os que foram levantados nos trabalhos de Freston e Fávero. No caso dos pais, quando esses são identificados na pesquisa de Gueiros, os dados revelam que 37,5% trabalham na zona rural, seguidos daqueles (25%) que exercem atividades classificadas como serviços gerais (auxiliar de lavanderia, faxineiros, por exemplo) e os demais trabalham como motoristas.

Gueiros (2007) também chama a atenção para a predominância das relações do tipo monoparental. No caso das mulheres abandonadas pelos seus parceiros, grande parte do grupo entrevistado sobrevive atuando como domésticas que, por ser uma atividade que demanda uma disponibilidade maior em termos de horário de trabalho, tende a dificultar a permanência dos filhos com as mães, caso não possam contar com a ajuda de outras pessoas para realizar esse tipo de cuidado. Associada às condições de trabalho e renda, a pesquisa de Gueiros também revela que há predominância das famílias sem nenhuma renda ou que ganham no máximo até três salários mínimos. Isso nos leva a concluir que grande parcela da população das mães que entregam seus filhos, de forma consentida para outras famílias, vive em condições precárias de vida e, por isso, a manutenção do grupo familiar é colocada em risco. Assim, como nos outros estudos, pode-se concluir que o fator socioeconômico, associado a outras questões (tais como rejeição paterna das crianças, falta de apoio da família extensa, problemas emocionais de algumas mães, maus-tratos e violência doméstica), relaciona-se a cerca de 85% das causas que levam à entrega de crianças para adoções. Ou seja, a maioria dos casos pode ser associada a razões diretas e indiretas do fator socioeconômico, uma vez que as políticas sociais existentes no país estão longe de suprir as necessidades mínimas dos sujeitos de constituir e manter famílias em condições dignas de sobrevivência.

As expectativas por um modelo idealizado de criança

Após mais de uma década da implantação do Estatuto da Criança e do Adolescente (ECA), as questões relativas à adoção de crianças e jovens no Brasil ainda permanecem mergulhadas no preconceito. Embora muitos estudos já reconheçam avanços na direção de uma nova mentalidade no que se refere à cultura da adoção, estudos nessa área e depoimentos de profissionais que atuam nas instituições de amparo à criança e ao jovem chamam a atenção da sociedade para os problemas enfrentados pela criança brasileira disponível para adoção, principalmente quando seu perfil não corresponde às idealizações de família criadas em nossa sociedade. É nesse contexto que são identificadas diferentes formas de preconceitos e discriminações na adoção, que se acirram principalmente quando se trata de discutir os casos das adoções necessárias.

As posições que denunciam os preconceitos na adoção de crianças e jovens insistem que o debate sobre esse problema deve incorporar a discussão sobre o direito. A Constituição e o Estatuto da Criança e do Adolescente preveem que toda criança tem direito à convivência familiar e comunitária; contudo, esse direito é frequentemente negado, especialmente a crianças e adolescentes negros, maiores de três anos e com problemas de saúde, que aguardam por adoção nos abrigos espalhados pelo país.

No Brasil, de acordo com os números do Instituto de Pesquisa Econômica Aplicada (Ipea, 2006), cerca de 80 mil crianças e adolescentes vivem em abrigos, e boa parte delas está à espera de adoção — entre os abrigados, ainda segundo o Ipea, 63% são negros (21% deles pretos e 42% pardos). Vários estudos têm denunciado que o perfil exigido por pretendentes à adoção apresentou pouca variação nos últimos anos, pois ainda se procuram crianças do sexo feminino (75%), com até dois anos (74%) e, de preferência, de cor branca. Influenciados pela dificuldade de encontrar "o filho ideal" nos cadastros institucionais e pela ideia de que esse é um processo demorado, muitos candidatos a pais recorrem a outros caminhos para vivenciarem a maternidade e/ou paternidade. Apesar de as escolhas de caminhos alternativos não representar as opções mais seguras num processo de adoção, ainda são muito comuns no país, pois as famílias pretendentes costumam ter uma resposta mais favorável — em relação ao tempo de espera e/ou à aproximação do perfil idealizado das crianças — para as suas expectativas, como mostram várias pesquisas.

O perfil do filho idealizado

A escolha das características do filho adotivo é um processo que, em razão de questões históricas ligadas aos ideais de família[7], nos leva a refletir sobre a construção na sociedade de estereótipos e preconceitos. Diversos estudos traçam o perfil exigido pelos pretendentes à adoção e nos possibilitam analisar dados mais amplos da realidade das Varas de Justiça de Adoção em todo o país ou refletir sobre as particularidades das realidades de instituições de adoção que atuam em determinada região. Nesse último caso, embora se trabalhe com amostragens mais reduzidas, é possível conhecer um pouco das características regionais ou locais de diferentes realidades brasileiras. Contudo, como já explicado anteriormente, todos os trabalhos apontam na direção do mesmo perfil das crianças pretendidas no país: as famílias procuram crianças do sexo feminino, com até dois anos e, de preferência, de cor branca.

Um primeiro aspecto discriminatório a ser comentado nessa construção de um perfil idealizado de crianças adotivas refere-se à

---

7. Vide, neste livro, o trabalho de Walter Ernesto Ude Marques, "Famílias, adoções e desafios", que discute as relações existentes entre as distintas possibilidades de constituição de grupos familiares e a configuração dos processos de adoção que ocorrem entre seus membros.

escolha do sexo. A preferência por meninas, já anunciada, pode ser explicada pela idealização de que as garotas são mais dóceis, mais fáceis de criar, mais companheiras e mais caseiras do que os meninos. A ideia de que um filho do sexo masculino poderá dar mais trabalho apoia-se na crença de que os meninos são mais violentos, rebeldes, menos apegados aos pais. Nesse sentido, criar meninos pode significar, para alguns pretendentes à adoção, uma escolha mais arriscada em relação às meninas, pois o comportamento masculino é mais associado à rebeldia, à violência e ao uso de drogas. Embora alguns temores em relação à criação de meninas sejam manifestados — por exemplo, aqueles relacionados com a possibilidade de uma gravidez precoce e indesejada —, esses problemas tendem a ser mais facilmente encarados. Dessa forma, as projeções para os conflitos presentes na criação de um menino parecem mais ameaçadoras aos futuros pais do que os problemas relacionados à educação de uma menina.

De acordo com Abreu (2002), no Brasil, mais que em outros países, o sexo masculino parece associar-se a dificuldades no que se refere à educação. A maior procura por meninas para adoção também está relacionada aos estereótipos culturais de gênero, que relacionam o sexo feminino a docilidade, beleza e domesticidade. Os estudos sobre o gênero analisam os papéis e responsabilidades atribuídas ao homem e à mulher no contexto da nossa sociedade como se fossem expectativas de certas características, aptidões e comportamentos prováveis de cada um deles (a feminilidade e a masculinidade). Esses papéis e expectativas seriam distintos com o tempo e segundo as organizações econômicas e sociais. Dessa forma, a ideia de que "a menina é mais fácil de criar do que menino" se sustenta na afirmação da diferença biológica entre os sexos, por meio da qual a imagem da mulher está associada a condutas intuitivas e emotivas, qualidades estas negadas ao homem pela natureza. Assim, se impõe um conjunto de crenças, prescrições e atribuições construídas socialmente que atuam como um filtro cultural, com o qual se interpreta o mundo e também se criam papéis e expectativas de comportamentos. Essas diferenças culturalmente elaboradas acabaram sendo consideradas naturais, inscritas no biológico, e passaram a ocultar relações de poder, marcadas pela dominação masculina, que mantiveram a separação e a hierarquização entre homens e mulheres.

Além da escolha do sexo das crianças, a idade, a cor e a saúde[8] são outras categorias dos critérios de escolha que têm gerado um grande número de crianças abandonadas em instituições à espera da inserção em uma nova estrutura familiar.

Crianças maiores carregam o estigma de adoções fracassadas

A discussão sobre as restrições e preconceitos que envolvem os processos de adoção chama a atenção também para a questão da idade das crianças. Esse problema ocorre porque, como vimos anteriormente, a preferência é por crianças recém-nascidas, que pode ser justificada pela expectativa das famílias adotantes de controlar os possíveis problemas que podem surgir no futuro com uma criança adotada. Muitos candidatos acreditam que os bebês podem se adaptar facilmente a uma nova família. Segundo Vargas (1998), podem ser consideradas como crianças "idosas" ou com idades maiores para adoção aquelas que foram abandonadas tardiamente pela família, seja por circunstâncias socioeconômicas ou pessoais ou aquelas que, por medidas legais, são retiradas de seus pais pelo poder judiciário que os julga incapazes de manter seu pátrio poder. Também compõe esse grupo as crianças órfãs, sob responsabilidade do Estado, criadas em orfanatos.

---

8. Diversos estudos abordam o tema da discriminação de crianças com comprometimentos físicos ou mentais, ou ainda aquelas geradas por portadoras do vírus HIV ou que sofrem de alcoolismo pelos pretendentes à adoção no país.

O fator idade, um elemento de restrição na escolha das crianças, é frequentemente abordado nos estudos da área da adoção. O trabalho de Vieira (2005)[9], por exemplo, analisa essa realidade de discriminação, ao traçar o perfil das crianças adotadas na cidade de Rio Claro, estado de São Paulo, no período de 1999 a 2003. Os dados dessa pesquisa são reveladores e reproduzem uma realidade que é nacional: quanto menor for a criança, maior é a probabilidade de ela ser adotada. O estudo define o conjunto das famílias que desejam adotar crianças com alguns meses de vida ou até com um ano completo, apontando para um total de 59,9% de pretendentes que não adotariam uma criança com mais de um ano de vida. Apenas 8,2% dos pretendentes (conforme Tabela 1) manifestam interesse em adotar uma criança com mais de 3 anos. A pesquisa de Vieira, no entanto, não registrou nenhum pretendente disposto a adotar uma criança com idade acima de 7 anos.

Ao analisar os dados da Tabela 1 e os cadastros dos candidatos a pais adotivos, Vieira associa as pretensões dos adotantes ao desejo de encontrar uma criança que apresente semelhança física com a família. Essa razão explica a origem do desejo de adotar um bebê recém-nascido, pois representaria uma forma particular de esperança sobre a filiação sanguínea: "já que não foi possível gerá-lo, que ao menos a única etapa da relação entre pais e filhos a ser suprimida seja a gravidez; logo, todas as outras fases do desenvolvimento seriam assistidas pelos adotantes" (Vieira, 2004, p. 6).

Alguns temores revelados pelos pretendentes à adoção se referem, por exemplo, aos questionamentos sobre a bagagem genética da criança a ser adotada; à possibilidade de a mãe biológica ou

---

9. A pesquisa de Joice Melo Vieira analisou os cadastros de candidatos a pais adotivos que procuraram o Grupo de Apoio à Adoção de Rio Claro-SP (GAARC/SP) entre 1999 e 2003, com os quais procura-se traçar o perfil de potenciais pais adotivos e da criança que eles desejam adotar. Abordam-se as preferências ligadas à cor, ao sexo e à idade da criança, buscando-se identificar os critérios seletivos envolvidos nas decisões tomadas por futuros pais adotivos.

outro parente consanguíneo desejar a reaproximação da criança ou interferir na vida familiar; e ao receio de que alguém da sua família biológica possa vir a requerer juridicamente a devolução da criança. Outros tipos de temores citados no trabalho de Vieira (2005) são: o medo de que a família biológica crie laços afetivos permanentes com a criança e o receio de que a criança adotiva maior, ao atingir certa idade, possa vir a rejeitá-los ao saber de sua origem. A autora conclui argumentando que esses tipos de temores são decorrentes de inseguranças que contribuem para a crença de que a escolha de bebês com características físicas semelhantes às suas poderão controlar o surgimento de conflitos e tensões.

Tabela 1
Faixa etária da criança desejada para adoção entre os pretendentes cadastrados no GAARC/SP

Idade da criança desejada	Percentual encontrado (n = 98)
Até 3 meses	11,3%
Até 4 meses	5,2%
Até 6 meses	11,3%
Até 8 meses	4,1%
Até 1 ano	28%
Até 2 anos	19,5%
Até 3 anos	12,4%
Até 4 anos	3,2%
Até 5 anos	2%
Até 6 anos	2%
Até 7 anos	1%
Total	**100%**

Fonte: Vieira, 2004, p. 6.

Weber e Kossobudzki (1996) já interpretam essas condutas dos pretendentes à adoção como formas de preconceito, argumentando que eles se apoiam em um falso pressuposto de que as adoções de bebês significam sempre a garantia de relações sem conflito, ou seja, adoções de sucesso e, no caso das crianças mais velhas, profeticamente representam o fracasso. Os autores explicam que esse tipo de adoção deve ser compreendido sob uma perspectiva diferente daqueles que se referem à adoção de crianças recém-nascidas. Isso porque é preciso considerar que as crianças mais velhas possuem uma história e um passado que deixam marcas. Numa perspectiva semelhante à do autor, Andrei (2001) argumenta que, quanto mais avançada é a idade das crianças e jovens em processos de adoção, mais fortes e conflituosas são as lembranças do passado e, consequentemente, as frustrações sobre sua condição de abandono.

No intuito de ajudar a compreender as particularidades do processo de adoção de crianças maiores, alguns estudiosos chamam a atenção para problemas mais comuns observados no acompanhamento de adoções tardias. Nesse sentido, considerando as faixas etárias em que se encontram, os trabalhos distinguem algumas especificidades desse processo de inserção de crianças em um novo lar. O trabalho de Andrei (2001), por exemplo, apresenta a existência de quatro faixas etárias distintas, cujas características irão repercutir de forma diferenciada sobre as necessidades de orientação e acompanhamento das famílias postulantes à adoção de crianças maiores. A primeira compreende as crianças de 2 a 6 anos e corresponde ao grupo com maior disponibilidade afetiva e, consequentemente, com maiores possibilidades de adaptação. O segundo grupo, composto por crianças de idades entre 7 e 10 anos, seja em decorrência da longa permanência em instituições, seja pela maior convivência com seus pais biológicos, apresenta uma menor expectativa de inserção em uma nova família. Além disso, são comuns nessa fase manifestações de revolta com relação à sua condição de abandono. No terceiro grupo, constituído por pré-adolescentes entre 11 e 14 anos, embora ainda existam expectativas positivas de inserção em novas famílias, essas ocorrem de forma bem mais reduzida. Essas condutas são explicadas tendo em vista o fato de que esse grupo vivencia maior rejeição durante sua permanência nas instituições. Nesses casos, o sucesso de uma adaptação bem-sucedida na família adotiva dependerá, em grande parte, da responsabilidade e disponibilidade dessas famílias para compreenderem os problemas que envolvem a história de vida dessas crianças, bem como para ajudá-las no enfrentamento dos conflitos que manifestam em relação ao seu passado. O último grupo, formado pelos adolescentes com idades entre 14 e 18 anos, é o que manifesta maior resistência em relação à sua inserção numa nova estrutura familiar. As explicações para esse tipo de conduta pendulam para o levantamento das dificuldades que os jovens enfrentam com a sua infância de abandono e os problemas decorrentes dos conflitos que são próprios do desenvolvimento psicológico dessa faixa etária. Consequentemente, a possibilidade de adoção bem-sucedida nesse grupo dependerá de condições mais complexas. Andrei (2001) defende que a melhor alternativa para adoção nesse último grupo é do tipo apadrinhamento afetivo.

Além desses aspectos, a autora também chama a atenção para as diferentes fases de adaptação por que passam as crianças adotadas em idade maior quando são inseridas em uma nova estrutura familiar. Segundo a autora, essas fases vão do encantamento inicial de adotantes e adotados (quando a criança se sente feliz por ter sido acolhida e os pais estão encantados com sua chegada) à manifestação de raiva ou decepção. Nesse último caso, interpretam-se essas condutas como tentativa da criança de exercitar o direito de dizer o "não" que lhe fora negado durante sua história. Trata-se, portanto, de uma fase de grande tensão, pois pode significar também uma forma de crianças e jovens testarem as intenções dos pais adotivos, cuja finalidade é a de confirmar, ou não, as incondicionais manifestações de afetividade dos adotantes. A fase seguinte é descrita como a fase da "compreensão" e se caracteriza por condutas em que criança apresenta indicadores de que está disposta a refazer sua vida na nova estrutura familiar. Nesse caso, embora seja considerada uma fase positiva e produtiva, a criança pode manifestar condutas de regressão como tentativa de busca de si mesma. A última fase, e certamente a mais almejada, é resultado de um processo de inserção bem-sucedido. Nessa fase, ocorre o que Andrei denomina de "*insigth* amoroso", no qual ambos, pais e filhos, realmente se adotam.

Como condição para avançar positivamente entre essas quatro fases e conseguir chegar à tão almejada última fase, Vargas (2001) chama a atenção para a importância da preparação e acompanhamento de todos os envolvidos no processo de adoção de crianças maiores. Contudo, outro estudo de Vargas publicado em 2006 alerta para a realidade de crianças e jovens abrigados, ou seja, para aqueles que não conseguem a inserção em uma nova família. Nesse caso, destacam-se outras questões também complexas, relativas à realidade institucional em que vivem essas crianças, o que agrava, ao contrário de resolver, as questões relativas ao abandono. Um dos problemas institucionais que dificultam a adoção é o fato de que grande parte das crianças e jovens abrigados não está disponível para adoção, já que suas famílias não foram destituídas do poder familiar, mesmo estando há vários anos sem receber a visita de parentes, próximos ou distantes. O estudo explica que, quando o abrigado é maior de três anos de idade ou integrante de um grupo maior de irmãos que tenha, *a priori*, menos chances de adoção, os vínculos legais com a família costumam ser mantidos. Isso significa que essa criança ou jovem não poderá integrar, por exemplo, famílias substitutas ou ficar disponível para adoção, uma vez que sua família de origem detém o poder sobre sua guarda.

Dessa forma, podemos concluir que a adoção tardia também é cercada de preconceitos e dificuldades na adaptação dessas crianças e jovens. Trata-se, portanto, de uma adoção com particularidades, pois os sujeitos trazem a marca do abandono inicial e do tempo em que permaneceram em instituições.

A cor da pele como critério de exclusão de crianças

As cores das crianças adotivas são naturais ou socialmente construídas? Iniciamos o tópico com essa pergunta porque a questão da cor da pele aparece em vários estudos como outro fator de exclusão e discriminação nos processos de adoção no país. Segundos dados do Instituto de Pesquisa Econômica Aplicada (Ipea), cerca de 80 mil crianças e adolescentes vivem em abrigos hoje no Brasil e parte significativa está à espera de adoção. Entre os abrigados, segundo o Ipea (2006), mais de 63% são negros (21% deles pretos e 42% pardos). A natureza de um abrigo deveria ser a provisoriedade, é o que determina o Estatuto da Criança e do Adolescente, mas, diante das escolhas feitas pelos pretendentes à adoção, muitas crianças e adolescentes, principalmente negros e maiores na faixa etária menos buscada pelos adotantes, permanecem por tempo indeterminado nestas instituições. Podemos concluir que o preconceito racial é outra manifestação de exclusão nos processos de adoção no país, pois as crianças negras são preteridas por não se encaixarem nos padrões de beleza vigentes em nossa sociedade. Traços como a cor da pele e o tipo de cabelo ainda são entraves à adoção.

Os estudos que tratam do tema da adoção de crianças têm dado destaque para a presença do preconceito racial, ao denunciarem que a imensa maioria das crianças abandonadas e deixadas para adoção é negra, e que, por essa razão, não são escolhidas para adoção. Prevalece a preferência de meninos e meninas brancos que reflete um padrão eurocêntrico. O trabalho de Weber (2001), ao traçar os desejos e expectativas de pessoas cadastradas para adoção no Juizado da Infância e da Juventude de Curitiba, revela que 67% dos adotantes do grupo pesquisado impõem como condição principal uma criança branca (95% dos adotantes eram brancos). Apenas 19% dizem aceitar uma criança *até morena*, ou seja, preferem uma criança branca, mas aceitam uma *morena clara*, e um grupo ainda menor, 7%, diz não ter preferência quanto à cor da criança.

Em outra pesquisa realizada com pais adotivos de todo o país, Weber constatou que 31% dos adotantes referem-se a pais brancos com filhos adotivos pardos, mas que apenas 4,5% compõem o grupo que adota filhos negros (Weber, 1999). Embora se reconheça que qualquer adoção em que as características físicas da criança adotada difiram das características dos pais adotivos seja uma adoção inter-racial, esse termo é usado no Brasil quase sempre para as adoções de crianças pardas e negras. Isso ocorre porque a maioria absoluta das pessoas interessadas em adotar pela via legal são brancas. Weber explica que apenas 5% dos brasileiros realizam adoções inter-raciais desse tipo, a maioria de crianças pardas, enquanto 44% das adoções realizadas por estrangeiros envolvem crianças brasileiras pardas e 12% crianças negras.

Colocando a questão da discriminação racial sob o foco de outros sujeitos, Vieira (2004) explica que o uso da descrição de caracteres fenotípicos é muito comum nos procedimentos dos profissionais que atuam com a adoção de crianças no país. Procurando caracterizar esses procedimentos em termos raciais, a autora identificou as seguintes categorias de classificação utilizadas no segmento infantojuvenil dos Juizados do país: brancos, pretos, pardos claros, pardos escuros e mestiços (crianças descendentes da raça amarela ou indígena). Para a categorização do negro, surge uma codificação de cor, na qual o pardo é indicado como "menos pardo" ou "mais pardo", mediante símbolos como + e -. Ainda segundo a autora, para a descrição de pardo, nessas subdivisões, pode-se utilizar mais de um símbolo (++), caso o jovem tenha a tez mais escura. Essa identificação pelo símbolo "mais" ou "menos" significa mais claro, menos escuro ou muito escuro. O estudo conclui que o uso desse tipo de categorização, por meio de símbolos e códigos nos procedimentos de adoção, contribui, sobretudo, para a exclusão daqueles que sofrem o abandono, reforçando as manifestações de racismo e as desigualdades raciais vigentes no país.

Em outro trabalho, Vieira (2004), agora analisando a perspectiva das famílias adotantes, também discute o uso da gradação da cor de pele das crianças adotivas. A pesquisadora realizou uma investigação no ano de 2003, junto ao Grupo de Apoio à Adoção de Rio Claro-SP (GAARC/SP), na qual analisa as informações apresentadas nos cadastros pelas famílias pretendentes à adoção. O estudo conclui que os adotantes também apreendem a diversidade de cores de pele como uma gradação de tons, do mais claro ao mais escuro. Constata-se que é comum utilizarem a preposição *até* para indicarem certa margem de concessão a tonalidades não idênticas, mas próximas a sua própria tonalidade de pele, por exemplo, se preferem uma criança branca até morena, branca até mulata etc. De maneira geral, novamente, as crianças brancas são as preferidas dos pretendentes à adoção: 42,8% fazem questão de ter filhos(as) brancos(as); outros são um pouco mais flexíveis, aceitando crianças brancas até morenas, brancas até pardas, brancas até mulatas. A autora também chama a atenção para o fato de que, entre pessoas que querem adotar uma criança morena ou parda, é possível identificar a intenção declarada do desejo de uma criança morena ou parda, mas não negra. Já entre as famílias que desejam crianças mais escuras ou negras, constata-se que esse grupo também possui tons de pele semelhantes. A partir dessas informações, a pesquisadora conclui, diante da prevalência desses critérios de cor, que, além da discriminação das crianças negras por parte dos adotantes, também é possível identificar um desejo de imitar a biologia, ou seja, encontrar crianças que se aproximem do biótipo que supõem que um filho biológico deles teria. Essa conclusão apoia-se nos dados de que, no universo do grupo pesquisado, apenas 3,1% dos adotantes dizem estar dispostos a adotar uma criança de qualquer cor.

 Silveira (2005) considera essa discussão sobre as formas adotadas para definir o fenótipo da cor das crianças e jovens em adoção como um fator subjetivo. Para sustentar esse argumento, a autora utiliza os trabalhos realizados por Piza[10] sobre censos brasileiros e conclui apontando a dificuldade de se estabelecer um critério objetivo em relação à cor, pois sua definição depende da resposta negociada entre profissionais e o entrevistado. Além disso, os procedimentos de detalhar traços raciais dos profissionais que atuam no campo da adoção visam levantar outros elementos além da cor para melhor traçar o perfil das crianças. O ponto de vista defendido pela autora é o de que esses tipos de procedimentos classificatórios da cor ocorrem porque a principal preocupação que move os profissionais do campo da adoção é a de encontrar crianças com as características desejadas pelas famílias adotantes. Isso significa que os pretendentes à adoção estão à procura de crianças com as suas próprias características. Trata-se, portanto, de lidar com o mito da perpetuação biológica que homogeneiza e reproduz a rejeição de crianças fora desses padrões. É nesse contexto que se pode compreender, por exemplo, os dados do Ipea (2006) que apontam para o grande número de crianças em abrigos esperando por adoções que não se concretizam. Quando cruzamos esses dados aos que já foram apresentados na seção sobre a recusa de crianças com idades avançadas, constatamos que parte significativa desses jovens e crianças é negra.

Finalmente, é interessante ampliar as discussões sobre os efeitos negativos dessa categorização de cor para além da área da adoção de crianças. Guimarães (2008) discute o preconceito de cor ou de raça no país e analisa algumas crenças sobre as representações que envolvem as denominações sobre as variações de cores dadas aos povos ao longo da história. No caso particular do Brasil, o autor procura refletir sobre a forma como os brasileiros são classificados e se classificam pela cor. Nesse sentido, o autor explica que o conceito de "cor", tal como o usamos no dia a dia, precisa ser interpretado como um atributo de grupo social, ou seja, "como uma

---

10. Para mais informações, ver: Edith Piza e Fulvia Rosemberg. 1994. A cor nos censos brasileiros. São Paulo: PUC-SP e Fundação Carlos Chagas. (Mimeo.)

classificação de alguém como 'negro', 'preto', 'branco' e 'pardo' não é algo objetivo, independente dos sujeitos e das relações em que estão envolvidos" (Guimarães, 2008, p. 42). Guimarães argumenta ainda que a utilização de classificações para a categoria de cor objetiva incluir os sujeitos em grupos que compartilham certas características imaginadas (físicas, psicológicas e morais). Mesmo que essa classificação se diferencie de uma classificação racial que representa uma forma de doutrina racialista, as classificações de cor também sugerem as mesmas doutrinas, uma vez que usam a mesma nomenclatura e podem ser contaminadas por expressões também raciais, tais como "mulato" ou "mestiço". Finalmente, o autor alerta para o fato de que o preconceito racial existente no Brasil na forma de denominar a cor pode afetar o destino particular de um indivíduo (por exemplo, a discriminação pode ser diferente quando alguém se declara "filho claro de um mulato" ou "filho mulato de um negro"), desde que estejam presentes condições sociais neutralizadoras do preconceito em seu conjunto, ou seja, daquele grupo de pessoas que sofrem mais profundamente as consequências do preconceito, tal como ele opera normalmente nas nossas instituições sociais. Levando essas reflexões para o campo da adoção, certamente os efeitos discriminatórios podem se dar em matizes diferentes ao se pretender escolher um filho mulato ou um filho negro.

Cabe discutir por fim como a discriminação racial também está relacionada ao mito dos prognósticos de desajustamentos na relação entre adotantes e adotados. O trabalho de Silveira (2005) apresenta importantes contribuições para a discussão desse aspecto, pois nos esclarece que é falsa a ideia de que as crianças adotadas fora de seu grupo racial estariam em situação de risco quanto ao desenvolvimento de uma identidade racial e, consequentemente, desenvolveriam um autoconceito negativo por ficarem privadas de contatos com pessoas da própria raça. Outros estudos como o de Weber (1999) também partilham desse ponto de vista de Silveira e comprovam que não existe diferença no ajustamento e sucesso de uma adoção, considerando a diferença de cor ou raça entre pais e filhos adotivos. Nos casos de expectativas negativas para a adoção, Weber aponta a rejeição como explicação mais plausível para os posicionamentos contrários à inserção de crianças em famílias com etnias diferentes. Esse argumento da rejeição é sustentado quando se comparam os casos de adoção por estrangeiros no país, quando a rejeição ao desenvolvimento da identidade racial deixa de ser considerada, pois não aparece como critério de seletividade, mas surgem outros tipos de problemas como, por exemplo, o da adaptação da criança ou jovem a uma nova cultura e em outro meio social.

Concluindo, Silveira (2005) nos alerta para o fato de que os preconceitos relativos à integração positiva das crianças adotivas têm origem tanto no modelo ideológico de família quanto nas questões de etnia. A concepção enraizada de perfeição de famílias sustenta um modelo idealizado de relação parental, que atua como perspectiva de melhor atender aos interesses das crianças e jovens conduzidos para adoção no país.

Alguns pontos finais para reflexão

Mesmo diante de evidências de atitudes e ações discriminatórias que são denunciadas em diversos estudos e debates nessa área, sabemos que não é simples levar para as escolas a discussão sobre o problema dos preconceitos e restrições que fazem parte dos processos de adoção de crianças. Mas, apesar de difícil, esse debate deve ocorrer, afinal o tema da adoção aponta tanto para a grave problemática social de nosso país quanto para os aspectos psicológicos inerentes aos sujeitos nela envolvidos (quem abandona, quem é abandonado e quem adota).

Sabemos que muitas discussões sobre esse tema ainda estão presas às armadilhas de uma ideologia conservadora, valorizando-se apenas aspectos subjetivos de um problema social tão complexo. As discussões sobre adoção ainda privilegiam o viés da resolução da infertilidade mais do que as desigualdades sociais que submetem a infância de milhões de crianças no país a situações de risco. Consequentemente, a problemática da adoção tende a oscilar mais para a prevalência de atitudes preconceituosas e de exclusão que para as condutas e ações de solidariedade e inclusão.

Por outro lado, os estudos na área da adoção também apontam avanços no campo do direito a uma infância digna no nosso país, e esses avanços estão diretamente associados ao direito à educação. O reconhecimento de diversos recortes que compõem essa ampla temática da adoção de crianças e jovens (a idealização de família, os critérios de seletividade das crianças adotivas, os fatores que levam ao abandono de crianças no país, entre outros) coloca-nos frente a frente com a luta contra as desigualdades sociais e pelo respeito a uma infância digna. Dessa forma, levar as questões abordadas neste texto para o interior das escolas pode contribuir para que as diferenças de cada grupo social sejam respeitadas dentro das suas especificidades, sem se perder o rumo do diálogo, da troca de experiências e da garantia dos direitos sociais. Acreditamos que a luta pela eliminação das desigualdades sociais no país também passa pela reflexão das características das práticas culturais, políticas e pedagógicas solitárias e excludentes.

Referências bibliográficas

ABREU, D. Assim falou "O Povo": adoção internacional no dizer jornalístico. In: BARREIRA, I.; VIEIRA, S. (Org.). *Cultura e política*: tecidos do cotidiano brasileiro. Fortaleza: EUFC, 1998. p. 133-49.

_____. *No bico da cegonha:* histórias de adoção e da adoção internacional no Brasil. Rio de Janeiro: Relume-Dumará, 2002. 184 p.

ANDREI, D. C. Reflexões sobre adoção tardia. In: FREIRE, F. (Org.). *Abandono e adoção*: contribuições para uma cultura da adoção. Curitiba: Terra dos Homens, 2001. p. 91-98.

_____. Adoção, mitos e preconceitos. In: FREIRE, F. (Org.). *Abandono e adoção*: contribuições para uma cultura da adoção. Curitiba: Terra dos Homens, 2001. p. 105-16.

BRASIL. *Estatuto da Criança e do Adolescente*: Lei n. 8.069, de 13 de julho de 1990.

DIAS, Cristina M. S. B.; SILVA, R. V. B.; FONSECA, C. M. S. M. S. A adoção de crianças maiores na perspectiva dos pais adotivos. *Contextos Clínicos*, São Leopoldo, v. 1, n. 1, p. 29-35, jan./jun. 2008. Disponível em: <www.contextosclinicos.unisinos.br/pdf/43.pdf>. Acesso em: 12 mar. 2009.

FÁVERO, Eunice T. *Rompimento dos vínculos do pátrio poder:* condicionantes socioeconômicos e familiares. São Paulo: Veras, 2001. 208 p.

_____ et al. (Coord.). *Perda do pátrio poder:* aproximações a um estudo socioeconômico. São Paulo: Veras, 2000.

FREIRE, F. (Org.). *Abandono e adoção*: contribuições para uma cultura da adoção III. Curitiba: Terra dos Homens, 2001. p. 95-101.

FRESTON, Yolanda. *Mãe que abandona o filho* — quem é esta mulher? Disponível em: <http://www.unicamp.br/unicamp/unicamp_hoje/pautas/jul56-8e9.htm>. Acesso em: 23 out. 2008.

FRESTON, Y. M.; FRESTON, P. A mãe biológica em casos de adoção: um perfil de pobreza e abandono. In: FREIRE, F. (Org.). *Abandono e adoção II*. Curitiba: Terra dos Homens, 1994. p. 81-94.

GAGNO, A. P. *O percurso da adoção na imprensa brasileira*. 2002. Dissertação (Mestrado em Psicologia) — Curso de Pós-Graduação em Psicologia da Infância e da Adolescência, Universidade Federal do Paraná, Curitiba, 2002.

GUEIROS, Dalva Azevedo. *Adoção consentida*: do desenraizamento social da família à prática de adoção aberta. São Paulo: Cortez, 2007. 278 p.

GUIMARÃES, Antonio Sergio Alfredo. *Preconceito racial*: modos, temas e tempos. São Paulo: Cortez, 2008. 143 p.

INSTITUTO BRASILEIRO DE GEOGRAFIA E ESTATÍSTICA. *PNAD*: Síntese de Indicadores Sociais. Brasília: IBGE, 2007.

INSTITUTO DE PESQUISA ECONÔMICA APLICADA. *Boletim do Ipea 2006*: Políticas sociais acompanhamento e análise. Brasília, 2006. Disponível em: <http://www.ipea.gov.br>. Acesso em: 12mar. 2009.

MELLO, Ivana S. P. B. Percepção de homens e mulheres acerca de quem entrega um filho para adoção. *Revista Psicologia Ciência e Profissão*, Curitiba, v. 21, n. 3, p. 76-83, 2003.

MOTTA, Maria Antonieta P. *Mães abandonadas*: a entrega de um filho em adoção. São Paulo: Cortez, 2001.

SILVEIRA, Ana Maria. *Adoção de crianças negras*: inclusão ou exclusão? São Paulo: Veras, 2006.

VARGAS, M. M. *Adoção tardia*: da família sonhada à família possível. São Paulo: Casa do Psicólogo, 1998/2001.

_____. Da família sonhada à família possível, a necessidade de preparação para a adoção. In: F. FREIRE (Org.). *Abandono e adoção*: contribuições para uma cultura da adoção III. Curitiba: Terra dos Homens, 2001. p. 99-104.

_____. Adoção de crianças maiores. In: L. SCHETTINI FILHO; S. S. MOELLER SCHETTINI (Orgs.). *Adoção, os vários lados dessa história*. Recife: Bagaço, 2006. p. 147-172.

VIEIRA, Joice Melo. Adoção em matizes: os filhos que queremos são os que podemos ter? *Revista da UFG*, Goiânia, ano 6, n. 2, dez. 2004.

WEBER, L. N. D.; Kossobodzki, L. H. N. *Filhos da solidão*: institucionalização, abandono e adoção. Curitiba: Governo do Estado do Paraná, 1996.

WEBER, L. N. D.. *Laços de ternura*: pesquisas e histórias de adoção. 2. ed. Curitiba: Juruá, 1999.

_____. *Pais e filhos por adoção no Brasil*: características, experiências e sentimentos. Curitiba: Juruá, 2001.

Jornais (online) consultados

ARAÚJO, Glauco. Mães abandonam filhos por razões patológicas e sociais. *G1*, São Paulo, 15 out. 2006. Notícias. Disponível em: <http://g1.globo. com/Noticias/Brasil/0,,AA1311267-5598,00.html>. Acesso em: 1°abr. 2009.

FOLHA ON LINE. Mãe abandona filha recém-nascida no interior de São Paulo. São Paulo, 14 fev. 2006. Cotidiano. Disponível em: <http://www1.folha.uol.com.br/folha/cotidiano/ult95u118305.shtml>. Acesso em: 1° abr. 2009.

_____. Mãe abandona bebê em caixa de papelão na zona sul de São Paulo. São Paulo, 15 fev. 2006. Cotidiano. Disponível em: <http://www1.folha.uol.com.br/folha/cotidiano/ult95u118334.shtml>. Acesso em: 1° abr. 2009.

_____. Mãe deixa bilhete e abandona recém-nascida em maternidade de Minas. São Paulo, 31 out. 2006. Cotidiano. Disponível em: <http://www1.folha.uol.com.br/folha/cotidiano/ult95u127649.shtml>. Acesso em: 1° abr. 2009.

_____. Mãe abandona bebê em terreno baldio após parto em Minas. São Paulo, 16 ago. 2007. Cotidiano. Disponível em: <http://www1.folha.uol. com.br/folha/cotidiano/ult95u320554.shtml>. Acesso em: 1° abr. 2009.

_____. Bebê é encontrado abandonado debaixo de carro no Rio. São Paulo, 9 set. 2007. Cotidiano. Disponível em: <http://www1.folha.uol. com.br/folha/cotidiano/ult95u326974.shtml>. Acesso em: 1° abr. 2009.

_____. Piora estado de saúde de bebê jogado pela mãe em rio em Contagem. São Paulo, 2 out. 2007. Cotidiano. Disponível em: <http://www1. folha.uol.com.br/folha/cotidiano/ult95u333173.shtml>. Acesso em: 1° abr. 2009.

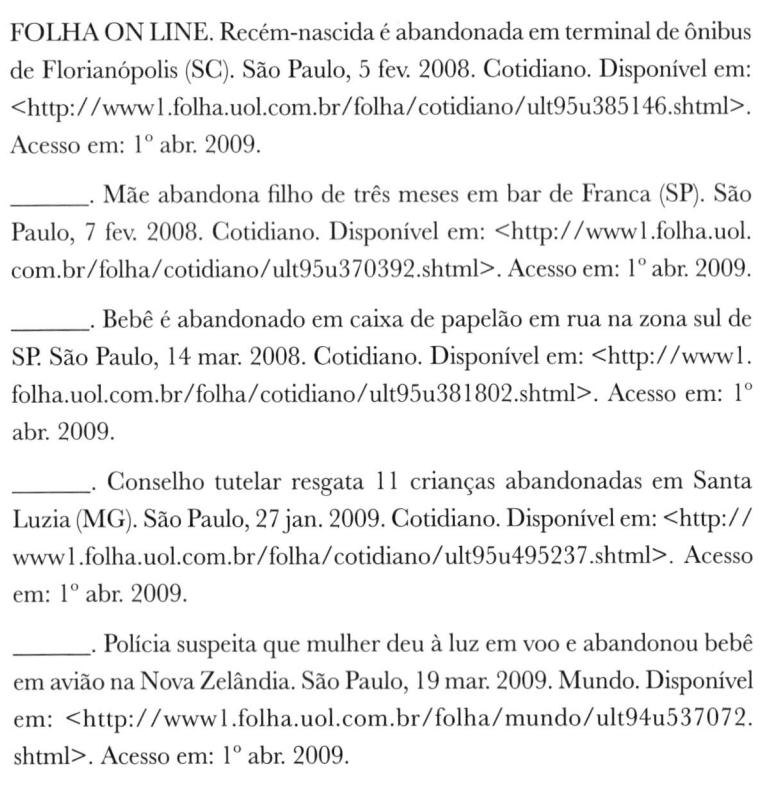

FOLHA ON LINE. Recém-nascida é abandonada em terminal de ônibus de Florianópolis (SC). São Paulo, 5 fev. 2008. Cotidiano. Disponível em: <http://www1.folha.uol.com.br/folha/cotidiano/ult95u385146.shtml>. Acesso em: 1º abr. 2009.

_____. Mãe abandona filho de três meses em bar de Franca (SP). São Paulo, 7 fev. 2008. Cotidiano. Disponível em: <http://www1.folha.uol.com.br/folha/cotidiano/ult95u370392.shtml>. Acesso em: 1º abr. 2009.

_____. Bebê é abandonado em caixa de papelão em rua na zona sul de SP. São Paulo, 14 mar. 2008. Cotidiano. Disponível em: <http://www1.folha.uol.com.br/folha/cotidiano/ult95u381802.shtml>. Acesso em: 1º abr. 2009.

_____. Conselho tutelar resgata 11 crianças abandonadas em Santa Luzia (MG). São Paulo, 27 jan. 2009. Cotidiano. Disponível em: <http://www1.folha.uol.com.br/folha/cotidiano/ult95u495237.shtml>. Acesso em: 1º abr. 2009.

_____. Polícia suspeita que mulher deu à luz em voo e abandonou bebê em avião na Nova Zelândia. São Paulo, 19 mar. 2009. Mundo. Disponível em: <http://www1.folha.uol.com.br/folha/mundo/ult94u537072.shtml>. Acesso em: 1º abr. 2009.

G1. Irmãs encontram bebê em caixa de sapatos. São Paulo, 30 ago. 2007. Disponível em: <http://g1.globo.com/Noticias/Brasil/0,,MUL95725-5598,00>. Acesso em: 1º abr. 2009.

_____. Irmãs encontram bebê em caixa de sapatos. São Paulo, 30 ago. 2007. Disponível em: <http://g1.globo.com/Noticias/Brasil/0,,MUL95725-5598,00>. Acesso em: 1º abr. 2009.

MANTOVANI, Flávia. Número de pedidos de adoção dobrou em SP nos últimos anos. *Folha On Line*, São Paulo, 12 abr. 2007. Equilíbrio. Disponível em: <http://www1.folha.uol.com.br/folha/equilibrio/noticias/ult263u4377.shtml>. Acesso em: 23 mar. 2009.

TERRA. Polícia encontra 2 crianças abandonadas em Campinas. 10 abr. 2006. Disponível em: <http://noticias.terra.com.br/brasil/interna/0,,OI958056-EI306,00.html>. Acesso em: 1º abr. 2009.

Capítulo 3

Filiação adotiva:
um modo legal de se constituir uma família

Carmem Lucia Eiterer *

Introdução

O objetivo deste texto é o de propor a discussão acerca de alguns modelos de adoção socialmente elaborados bem como as interpretações que os permeiam. Para isso, selecionamos na literatura primordialmente autores das áreas de psicologia (Weber; Maldonado) e de antropologia social. Desta, recorremos, especialmente, à dissertação de mestrado de Joice Melo Vieira, defendida em Antropologia Social, na Universidade de Campinas-SP, em 2004. Trata-se de um dos raros trabalhos acadêmicos sobre o tema, realizados no âmbito dos programas de pós-graduação na universidade brasileira, que conseguimos localizar. A autora investiga os

---

* Professora do Departamento de Métodos e Técnicas de Ensino da Faculdade de Educação da UFMG.

discursos e as práticas de adoção de crianças em camadas médias da população brasileira. Para tanto, principia por ampla revisão da noção de parentesco usada na antropologia, antes de se aprofundar na questão do abandono de crianças e da adoção no Brasil. A pesquisadora analisa, ainda, o papel que desempenham os grupos de apoio à adoção e como esse tema é desenvolvido nos livros infantis clássicos e contemporâneos.

Nosso interesse por esse tema se originou no trabalho com a formação continuada de professores, quando, então, ao analisarmos as relações entre a escola e a família, percebemos a importância de se discutir as compreensões socialmente partilhadas a esse respeito. Começamos a entrever o silêncio acerca da adoção e a necessidade de pensá-la como uma das muitas maneiras de constituição de um grupo familiar. Entendemos que esse trabalho já vem sendo feito, na medida em que a sociedade, na qual se inclui a escola, tem de lidar com a diversidade, ou seja, no contexto deste trabalho, crianças de diferentes realidades familiares, filhos de pais separados, de famílias mononucleares etc. Cremos que expandir essa discussão é pertinente, considerando o tema da adoção como uma realidade que também se faz presente; trata-se, portanto, de auxiliar na tarefa de desmitificação da noção idealizada da família.

Assim, procuramos neste texto trazer algumas reflexões acerca de como as representações acerca da adoção se construíram. Para isso, nos apoiamos na literatura infantil, a partir da análise realizada por Viera (2006). Assim, assumindo a literatura infantil como um objeto de cultura portador de um discurso pedagógico, educativo, dirigido não apenas às crianças, mas também e muitas vezes aos adultos (pais e familiares), com vistas a implementar ou consolidar valores desejáveis socialmente. Antes, porém, retomamos brevemente algumas noções em torno dos modelos de família contidos nas adjetivações amplamente difundidas de filho postiço, filho de criação, filho ilegítimo etc.

Os vínculos não preexistem, eles se tecem

Consultando o dicionário, o verbete adoção traz o seguinte significado: "ato ou efeito de adotar, aceitação voluntária e legal de uma criança como filho; perfilhação, perfilhamento" (Ferreira, 1986). Constata-se, dessa forma, que pela adoção fica cancelado o primeiro registro de nascimento da criança, no qual consta o nome dos pais biológicos. A criança passa então a ter um novo registro, emitido segundo ordem judicial, idêntico ao de um filho biológico, contendo o nome dos pais adotivos. Assim sendo, a adoção institui novas relações parentais (Vieira, 2004, p. 64).

Entretanto, como muitos atos humanos fundados em escolhas e valores, a adoção está ainda cercada de incompreensões que, muitas vezes, se revelam nas relações cotidianas e afetam, de modo negativo, as crianças. Além disso, a filiação adotiva ainda é contaminada por muitas ideias preconcebidas que poderiam ser desbastadas com uma boa dose de pesquisa, acompanhada de debates e amplas reflexões, uma vez que a questão envolve também valores sociais ligados à cultura e aos estereótipos de família.

A propósito, o preconceito é um tipo de ideia preconcebida, ou seja, um juízo, um julgamento formado sobre alguém ou algo, fruto de informações parciais, que carecem de fundamento, mas que se afirmam sem se conhecer o indivíduo ou a situação a que se refere. Assim, se estabelece que uma pessoa é inteligente ou não, tem bom caráter ou não, é esforçada ou não, terá futuramente problemas, apenas porque nasceu em algum lugar, tem determinada condição física, econômica, etária, cultural, religiosa etc.

De acordo com esse raciocínio, tratamos, no contexto deste trabalho, de uma vivência familiar duplamente alvo de prejulgamentos, tanto em relação à mãe que doa o filho a outra família, quanto em relação à família que o recebe. Melhor dizendo, o prejulgamento em relação à adoção comporta dois sentidos: repulsa pela mãe que doa e compaixão, piedade pela mãe ou família que recebe. Por trás desse julgamento, que avaliamos como equivocado, estão as ideias de que a mãe biológica tem a obrigação de cuidar do filho, independentemente das condições de que disponha para que isso se dê (como no ditado, "quem pariu Mateus que o embale") e, da mesma forma, a de que alguém adota uma criança apenas como "prêmio de consolação", já que não pôde ter os seus próprios, ou seja, gerar seus filhos biológicos.

No que se refere às crianças que são adotadas, podemos dizer que essa situação leva-as a se sentirem diferentes das demais e de forma negativa, quando, na verdade, o que se deveria considerar é que a adoção é apenas mais uma das muitas formas de alguém vir a tornar-se pai ou mãe, ou seja, de constituir uma família. Ignora-se aqui, com frequência, toda gama de fatores que deveriam ser postos em questão, como, por exemplo, o fato de que a adoção torna legítimo o filho por ato jurídico. Entretanto, crianças que são filhos por adoção sofrem com pré-julgamentos na escola e na sociedade. E, mais que isso, muitas outras crianças poderiam ser adotadas e não o são em virtude de juízos preconcebidos relativos à condição de ser adotado.

Ante tais preconceitos, ou seja, por ser julgada antes de ser conhecida, uma parte da infância brasileira está crescendo em abrigos (onde sua passagem deveria ser apenas temporária) à espera de uma família. Por outro lado, as famílias apresentam todos os tipos de qualidades e problemas, que repercutem nos filhos, quer eles sejam adotados ou não. Assim, insistiremos, neste texto, que não passa de uma crença sem fundamento presumir que o vínculo biológico seja certificado de segurança de uma boa relação familiar. Nem todos os filhos se parecem com os pais fisicamente, do mesmo modo que nem todos os filhos se parecem com os pais psicologicamente. Ser filho biológico, por si só, não lhe garante nenhum sucesso ou fracasso (na verdade, nenhuma previsão confiável) futuro, ou mesmo simpatia e afeto.

Posto isso, faz-se necessário esclarecer que noções preconcebidas se devem a muitos fatores históricos, culturalmente constituídos. É mister considerarmos a preponderância, em nossa sociedade, de uma visão idealizada de família, baseada na constituição paternal, ou seja, pai, mãe e filhos, como sendo uma construção natural. Assim, deturpada a ideia de família, naturalizamos algo que é, na verdade, um fenômeno social e histórico. Em consequência, surge o maior de todos os equívocos: tomar a família idealizada (fictícia) como real. Desse modo, na escola e em vários outros espaços sociais, esse modelo assume o *status* de família estruturada, em detrimento das considerações das outras formas de constituição familiar, que passam a ser negadas ou rotuladas de desestruturadas, disfuncionais etc., restando às crianças e aos jovens arcarem com o peso dos preconceitos de quem as julga.

Contudo, frisamos: as famílias mudam de acordo com as sociedades e épocas. Ser filho no Japão, na Alemanha, no Brasil ou na África seguramente não tem o mesmo significado. Do mesmo modo que ser mãe hoje não é o mesmo que era há cem ou duzentos anos. Como construção humana que é, a família também muda com o tempo. Não apenas quanto ao número de filhos, mas também quanto aos modos e maneiras de se organizar e funcionar.

A reflexão desses aspectos permite-nos afirmar o quanto algumas das falas recorrentes acerca da adoção são remissivas a ideias datadas que já fizeram parte da história da criança abandonada no Brasil. Isso significa dizer que essas falas não surgem por acaso, enraízam-se na transmissão de valores de geração a geração ao longo das décadas. Rever essa história pode auxiliar-nos a afastar essas noções estereotipadas e a entender por que razões elas não fazem mais sentido em nosso tempo. Para tal, devemos correlacionar alguns mitos, em torno do biológico e do consanguíneo, que ainda alimentam as convicções acerca do parentesco e se colocam como obstáculos à aceitação da filiação por adoção como filiação, independentemente de ser filho biológico ou não.

Assumindo, pois, que relações de discriminação negativa (ou seja, que transformam em desvantagem pessoal ou social alguma característica da pessoa ou de sua história pessoal) são construídas historicamente, poderemos defender a desconstrução delas por meio de ações educativas, aqui compreendidas num sentido mais amplo, incluindo as escolares e não escolares. Tomar essa perspectiva mais ampla é fundamental, porque as relações marcadas por tais concepções, tão arraigadas na nossa sociedade, são vividas e presenciadas nos mais diferentes espaços de convivência social. Nesse sentido, para mudá-las não é suficiente apenas compreender conceitualmente sua gênese, mas assumir novas atitudes e valores no nosso dia a dia.

Revisitando alguns modelos de família

Alguns modelos presentes no imaginário dizem respeito não apenas à família idealizada, mas também a noções que se imbricam e concorrem para a construção de um padrão que leva em conta a consanguinidade, o amor materno idealizado e uma compreensão falsa de legitimidade. Assim, funda-se a crença de que o outro (que não é do meu sangue) pode vir a criar problemas.

Nessa perspectiva de reflexão, destacamos, em primeiro lugar, o mito do consanguíneo. Como nos lembra Maldonado (2001), há filhos da barriga, há filhos do convívio e há, ainda, filhos da ciência. O congelamento de embriões, a barriga de aluguel, a reprodução assistida levaram a várias conquistas por parte daqueles que desejam ter filhos. Dessa forma, a concepção pode ocorrer independente do ato sexual. Evidenciam-se, contemporaneamente, com o acesso a tecnologias de fecundação, as diferenças entre as etapas de conceber, gestar e as da maternidade/paternidade. Tal distinção nos faz ver que gestar não implica maternidade, ou paternidade. Da mesma forma, gestar não implica amar. De mesmo modo, insistimos que "pegar para criar" não é o mesmo que adotar. A adoção é uma das maneiras legais de constituição de uma família, ou seja, de se ter filhos.

Em seu texto, Maldonado (2001), com muita clareza, apresenta-nos questionamentos, a partir de sua experiência com psicologia familiar, que nos fazem repensar tais relações. Ela ressalta que os laços de sangue não trazem a garantia do amor, sentimento esse que precisa ser construído no dia a dia. Isso equivale a dizer que consanguinidade não garante a permanência e a profundidade da relação entre pais e filhos. Por outro lado, no caso da família adotiva, há a consciência maior de que o vínculo singular entre seus membros deve ser conquistado. Isso não está obrigatoriamente presente nas demais famílias, caso contrário, não haveria tanta violência contra a criança, abandono, maus-tratos etc.

Diante do exposto, reforçamos que acreditar que o filho biológico de pais casados é um filho sem problemas é uma ilusão, tanto quanto é falso presumir que a adoção será a causa de todos os problemas que a criança venha a ter. Em outras palavras, é falso crer que a convivência é estável por haver um vínculo biológico entre pais e filhos. Por fim, a autora conclui que filho adotado é simplesmente filho, como qualquer outro.

Nesse sentido, vale acrescentar, aqui, a visão da pesquisadora Lídia Weber, em seu texto intitulado "Famílias adotivas e mitos sobre laço de sangue":

> (...) relacionamentos em geral são processos delicados e repletos de pequenos entraves — relacionamentos entre pais e filhos, *tanto adotivos quanto biológicos, não fogem desta regra*. No entanto, parece que os casos em que houve dificuldades na adoção é que são generalizados, devido às informações sobre o assunto virem da mídia e do *boca a boca*, por falta de estudos sistemáticos a respeito e até pela generalização de casos clínicos dramáticos que colocam a perda inicial dos pais biológicos como irreparável e determinante de todos os proble-

mas. Forma-se desta maneira uma representação social limitada e errônea sobre a associação genérica entre adoção e fracasso (Weber, 1996, p. 1). (Grifo nosso.)

Complementando essa linha de raciocínio, reiteramos que as noções de família e de infância não receberam sempre as mesmas conotações e valor social ao longo da história. Um longo processo histórico se desenrolou para chegarmos aos modelos que hoje aí estão, conforme se afirma no trecho a seguir:

Rousseau, no século XVIII, marcou um novo conceito de infância: ela não era corrupta, mas poderia ser corruptível. Não era algo contra o que se devesse lutar, mas era preciso cuidá-la para que não se deformasse em erro (...). A criança começou a ser valorizada como um ser humano que necessita de cuidados e atenção especiais. Este período marcou uma maior aproximação entre os filhos e seus pais verdadeiros, pois, nos séculos anteriores, a criança ficava sob cuidados de pessoas alheias à família, mas gradativamente ela passou a ter um contato mais intenso e também afetivo com seus pais (Weber, 2004, p. 1).

Como já anunciamos, enfrentar essa discussão requer repensar alguns mitos, para além do mito da consanguinidade. Cabe, portanto, analisar o mito do amor materno, enfronhado em valores de diferentes ordens, inclusive religiosas, e instituído no âmbito de solidificar o ideal de família burguesa. Nessa direção, merece destaque o trabalho muito esclarecedor de Badinter (1985). A autora discute como, na constituição da família, a noção de amor materno veio sendo historicamente construída. Esse sentimento, premido por fragilidades, não é condição inerente, *sine qua non*, à capacidade de gestar; pode estar ou não presente, não sendo necessariamente um instinto ou disposição feminina inconteste. Aliás, houve uma época em que a gravidez e a amamentação constituíam situações constrangedoras que obrigavam a mulher a esconder-se em casa. Assim, o cuidado dos filhos era um trabalho para terceiros (uma ama, se a mãe e a família dispusessem de recursos para tanto). Badinter (1985, p. 186) chama-nos a atenção para o fato de que prevalece ao longo da história a ideia de que quanto mais rica e culta uma nação, mais as mães renunciam à condição materna. Como conclui a autora, o amor materno não é constituinte da natureza das mulheres:

> Não encontramos nenhuma conduta universal e necessária da mãe. Ao contrário, constatamos a extrema variabilidade de seus sentimentos, segundo a cultura, ambições, frustrações. Como, então, não chegar à conclusão, mesmo que ela pareça cruel, de que o amor materno é apenas um sentimento e, como tal, essencialmente contigente? (Badinter, 1985, p. 367).

Do mesmo modo, destacamos que a proteção à infância é hoje um valor, mas não foi sempre assim. Deixada à própria sorte durante séculos, a infância pobre era ou mão de obra barata, ou parte da sociedade relegada ao banditismo, à prostituição, à marginalidade, sobretudo aquela parcela que não desfrutava da proteção (pais ou parentes).

Abordando a economia do século XVIII, a autora mostra que o homem era considerado também uma fonte de riqueza — como mão de obra, era uma provisão para o Estado. Nesse sentido, ela mostra como a proteção à infância passa a mobilizar o interesse do governo que irá criar políticas de incentivo à família, para que esta constitua um número grande de filhos, crie todos eles e não imigre.

A verdade é que a criança, especialmente em fins do século XVIII, adquire um valor mercantil. Percebe-se que ela é, potencialmente, uma riqueza econômica (...). Nessa nova óptica quantitativa, todos os braços humanos têm valor, mesmo os que outrora eram vistos com certo desprezo. Os pobres, os mendigos, as prostitutas e, certamente, as crianças abandonadas tornaram-se interessantes enquanto força de produção em potencial. Por exemplo, podiam ser enviados para povoar as colônias francesas (...) (Badinter, 1985, p. 155-6).

Em Paris, ainda no século XVIII, Badinter (1985) relata que 4.300 crianças eram abandonadas por ano. No país todo, a autora estima que o número chegasse a cerca de 12 mil. Nessa época, defendeu-se, conforme informa a pesquisadora, o aleitamento desses pequenos com leite de vaca a fim de produzir braços fortes para as colônias francesas. Segundo a autora, é ainda nesse contexto que tem início o esforço para convencer as mães necessitadas (e os homens responsáveis) das vantagens da sobrevivência das crianças.

Entretanto, para muitas das mulheres, cuidar dessas crianças era um sacrifício, o imperativo social que lhes era imposto era o de que "fizessem calar seu egoísmo em proveito dos filhos" Badinter (1985, p. 161). Essa mudança será alcançada aos poucos ao longo dos séculos seguintes, com a convergência de vários discursos; o advento do Iluminismo e os ideais de felicidade individual e igualdade.

Nessa mesma época, a defesa do casamento por livre escolha dos cônjuges começará também a se propagar. A família passará a ser um valor, e ela se volta sobre si mesma. Segue-se, a essa construção social da família, a concepção de que cabe à mãe educar e cuidar dos filhos, e cabe às moças, sendo criadas dentro de casa, serem preparadas desde sempre para assumir como tarefas futuras o casamento e a maternidade.

Em consonância com o pensamento da época, pode-se conferir o discurso de um pensador da Educação: Froebel, que viveu entre 1782 e 1852, considerado criador do Jardim de Infância (Kindergarten). O autor, que preconiza a educação da criança pela mãe, em um de seus escritos explica como uma criança, Lina, aprende a escrever e a ler com a mãe no ambiente doméstico. Encontramos aqui a descrição da família burguesa nuclear exemplar e a organização da vida privada. Destacamos a seguir, seguindo a reflexão de Alessandra Arce:

Lina mora com a mãe e seu pai. A mãe de Lina é a própria imagem do papel social e educativo atribuído à mulher na pedagogia de Froebel. Neste aspecto, o educador alemão reproduzia um ideal de mulher e de mãe que vinha sendo fortemente difundido naquela época (Arce, 2002, p. 110).

A autora, reportando-se à pedagogia froebeliana, aponta o lugar social da mulher na opinião dos autores da época. Considerada "o domingo do homem", não servia para a vida pública, devendo ter como atributos a pureza e a bondade, a fim de manter um ambiente doméstico seguro e natural, é a própria rainha do lar. Froebel (citado por Arce, 2002), apresenta, por meio desse estratagema, uma mulher sem conflitos, sem anseios, reinando numa família estandardizada, do tipo que hoje, séculos após, apelidaríamos de "família de comercial de margarina".

No texto de Froebel, a mãe cuida dos afazeres domésticos, é responsável pelo ambiente familiar que transpira amor e delicadeza graças a sua dedicação. Nas horas vagas, a mãe dedica-se integralmente à pequena filha, procurando atender seus desejos e necessidades. O pai está fisicamente ausente na maior parte da história, mas jamais sai do pensamento e do coração da pequena Lina. Como trabalha o dia todo, só à noite ele retorna ao lar, apresentado por Froebel como um refúgio de tranquilidade e amor. Carinhoso com sua doce filha, o pai também procura participar de seu desenvolvimento, mas é coadjuvante nesse processo (Arce, 2002, p. 111).

A ficção e o novo retrato de família

Também os contos para crianças do século XVII e XIX concorrem na mesma direção para reforçar a criação de um modelo social e contribuem para formatar essa nova modalidade de pensamento acerca da infância e da família:

Para Darnton, contos são também documentos históricos, o que nos obriga a indagar sobre suas origens e significados em diferentes contextos. Para ele, a onipresença de madrastas e órfãos nos contos populares do início da França moderna não dialoga simplesmente com o imaginário infantil, como querem os psicanalistas (Vieira, 2006, p. 82).

A bibliografia que consultamos destaca a proeminência dos contos infantis que hoje conhecemos como esforços direcionados à consolidação da família e das relações de parentesco. Por se caracterizar como evento sócio-histórico de natureza cultural e antropológica, ou seja, como produto da própria atuação humana no mundo, e não como mera ação da natureza e/ou do instinto em si mesmos, a consolidação destes modelos eurocêntricos (devemos lembrar que não são concepções universais) levou séculos:

> A orfandade, a subnutrição, as madrastas más e o abandono pelos pais são temas que se repetem em vários contos populares do século XVIII, porque essas eram questões com as quais os camponeses se defrontavam não apenas em seu folclore, mas também na vida cotidiana. O que Darnton afirma sobre os contos do século XVIII, provavelmente, vale em parte para os contos do século XIX, justamente o período de transição em que tem início o processo de domesticação da família e da maternidade, quando as crianças começam a ser sacralizadas e a adquirirem, idealmente, valor particular como objeto de investimento sentimental, mais do que como objeto de exploração econômica (Vieira, 2006, p. 83).

Essa é uma discussão complexa, constituída por muitos matizes, pois envolve sentimentos, valores etc. Mas devemos considerar neste texto, ainda que brevemente, que existem algumas instituições (o casamento, por exemplo), assim como leis, regras, normas, que são fruto unicamente da ação humana e variam de sociedade para sociedade. Os mulçumanos, os africanos etc., como alerta Walter

Ude Marques, em capítulo deste livro, têm organizações sociais de família e casamento diferentes das nossas.

Restringindo-nos apenas ao território brasileiro, devemos considerar que há aqui uma miríade de possibilidades culturais. Se focalizarmos apenas os indígenas, vamos encontrar uma variedade de organizações sociais que se apresentam como família. Antes, contudo, vamos aprofundar outro aspecto não menos relevante. Na tentativa de entender essa diversidade, procuremos focar a questão sob a ótica da legitimidade.

Muitas pessoas tendem ainda a perguntar aos pais de um filho adotivo: mas ele não é seu filho de verdade? Ou ainda se o filho é legítimo. Lembramos que, no exercício da sua função, o Magistrado detém um tipo de poder digno de nota. O poder de criar, de instaurar uma realidade. Sua palavra gera a realidade que nomeia.

Quando o Juiz declara que duas pessoas, a partir deste momento, estão casadas, elas se tornam casadas no mesmo momento em que este pronunciamento se dá. Seu ato cria a condição mudando o estado civil dessas pessoas, por força da autoridade do Juiz. Do mesmo modo, a adoção constitui uma nova realidade por força da palavra do Juiz. A criança torna-se filho pelo ato do Magistrado.

Quando se afirma que um filho é filho legítimo porque foi gerado biologicamente naquela família, a legitimidade do ato de justiça é substituída por uma interpretação equivocada que atribui à natureza (ao DNA, à herança genética) a origem verdadeira e legítima. Queremos, contudo, destacar a ideia aqui imbricada: o mito de origem (geração). Que receios se escondem no preconceito contra a origem que aqui se manifesta? A ideia de que o que somos está em nossa bagagem genética e, logo, não se modifica ou se constrói socialmente. Como acontece quando o julgamento se apoia na velha crença da "índole" inata.

Já dissemos que geração e maternidade podem ocorrer como eventos que se seguem, mas podem vir a se constituir em separado.

Apresentamos abaixo a imagem de uma criança a fim de reforçar a nossa indagação: a tentativa de cristalizar os fenômenos humanos e preservar determinadas posturas e valores estagnados favorece-nos enquanto grupo humano? Quantas das mudanças que os anos trouxeram contribuíram para uma infância melhor, mais segura e mais saudável para nossas crianças?

Imagem de criança
Aníbal [sobrenome não identificado]. Coleção Francisco Rodrigues; FR-06012.
Fonte: Fundação Joaquim Nabuco (Domínio público).

A imagem acima foi trazida apenas para nos auxiliar a pensar que a infância hoje não é pensada ou vivida de mesmo modo que gerações de 50 anos atrás a viveram. Os espaços e tempos de ser criança não são mais os mesmos. A família mudou, o cuidado e educação da infância também, assim como as noções de saúde e bem-estar na infância etc.

Mas voltemos ao tema das histórias infantis dos séculos XVIII e XIX. Quais modelos estão aí se constituindo se não o da origem? Nelas, há com frequência uma personagem que põe em risco a segurança de uma criança, uma madastra malvada ou uma bruxa má, que ataca as crianças que estão longe da possibilidade da proteção da mãe ou pai. Se lembrarmos de Branca de Neve, narrada pelos Irmãos Grimm ou na versão mais conhecida dos estúdios Disney, de 1937, ela é exemplar nesse sentido.

Trazemos essa imagem, tendo em vista as ideias preconcebidas de um modelo ideal de família. No conto, a menina órfã, Branca de Neve, passa à responsabilidade da madrasta, com a morte de

Franz Jüttner (1865-1925): Illustration from *Sneewittchen*, Scholz' Künstler-Bilderbücher, Mainz 1905.

seu pai; entretanto, não se estabelece aqui um vínculo de afeto, mas uma obrigação que a madrasta recebe e trata como uma competição. Percebe-se que, assim como nos contos, perdido o vínculo parental de origem, considerado natural, o filho acaba abandonado ao sabor das maldades do mundo. Quanto sofreram o Patinho feio, João e Maria, sob provocações e ameaças de diferentes tipos, ao crescer longe de seus genitores?

Os clássicos da literatura infantil compreendem inúmeras histórias de crianças que não são criadas por seus pais biológicos, a exemplo de *O patinho feio*, *Mogli*, *Cinderela*, entre outros. Perdidas na floresta, abandonadas por seus pais ou órfãs, às vezes, elas encontram pais substitutos impiedosos e, invariavelmente, recebem a proteção de seres sobrenaturais e de animais. Na grande maioria dessas histórias, a paz só é restabelecida e a mais completa felicidade só é alcançada quando a personagem principal retorna à família ou ao grupo social de origem, ou estabelece relações amorosas que lhe oferecem a perspectiva de construir uma nova família (Vieira, 2006, p. 78-9).

Como já dissemos anteriormente, o esforço das histórias no sentido de contribuir para a construção do conceito de família se fez notar nessas narrativas dirigidas às crianças, mas mais especialmente às suas mães e familiares. Como temos reforçado, autores como Vieira (2006) apontam que essa compreensão não foi socialmente dominante desde sempre nas sociedades de diferentes épocas.

No final do século XIX surgem as novelas sentimentais que trazem como protagonistas crianças infelizes e abandonadas. Um dos romances de maior sucesso dessa fase foi *Sem Família*, de Hector Malot (1888), que "fez forçosamente chorar muitas crianças francesas e europeias, pois o livro foi imediatamente traduzido, obtendo uma larga divulgação". Comparando-se esse romance com *Mogli* ou *O patinho feio*, cujos protagonistas cedo ou tarde conquistaram um ambiente familiar e a aceitação de seus pares, há um notável aumento do apelo sentimental e humanitário em *Sem Família*. O uso da narração em primeira pessoa faz calar ainda mais fundo o sofrimento do menino enjeitado, além de aguçar certa preocupação social ao denunciar uma sociedade tirânica com as crianças (Vieira, 2006, p. 84).

Em alguns desses episódios da narrativa clássica, encontraremos a existência da família possível, como no exemplo de Cinderela, que, órfã de mãe, sofre as piores agruras nas mãos da madrasta e de suas filhas. Em outros, figura a criança possível, é o caso de Pinóquio:

> Apesar da variação entre uma história e outra, é sempre possível detectar a existência de certos matizes que se repetem, donde podemos colher os fios de narrativa que apontam para as mesmas temáticas: rejeição, redenção e acolhimento. Redenção que também se faz presente em *Pinóquio*, sob a perspectiva da adoção de uma criança que, longe de ser a ideal, é aquela que é dada em atendimento mágico ao anseio da paternidade, e é por isso amada e recebida carinhosamente (Prestes, 2008, p. 1).

A autora, no entanto, destaca as mudanças presentes na narrativa de Carlo Collodi. Pinóquio, assim como seu pai Gepetto, deve aprender a construir subjetivamente o vínculo que os une como pai e filho. Para ser um menino de verdade, ele vai precisar aprender, educar-se. "Os laços de afeto entre ambos são construídos, assim como se constrói a humanidade do boneco" (Prestes, 2008, p. 3).

Recentemente, passados alguns séculos, as histórias infantis modificaram-se, acompanhando as novas formas de estar em família; reposicionam-se as noções de família e filho adotivo, a partir de outras possibilidades de abordagens socialmente aceitáveis, compartilhadas em nosso meio. Surgem novos modelos. Personagens do início do século XX, como o Super-Homem, o Homem Aranha e até mesmo o Batman sugerem-nos modelos de superação.

Batman é o codinome de Bruce Wayne, um anti-herói de histórias em quadrinhos, de 1932, publicado posteriormente na revista *Detective Comics* 27, em maio de 1939. Bruce perdeu os pais e foi criado pelo mordomo Alfred. O Super-Homem encontrou uma família no casal que o adotou, assim como o jovem Peter Parker, o Homem Aranha, a encontrou nos tios mais velhos que o criam. Todos esses comparecem diante do público munidos de seus conflitos em torno da perda da família genitora, mas já se configura para alguns deles o direito ao afeto pela família que os acolhe, ainda que, por vezes, de forma ainda conflituosa. Mais que isso, os personagens conseguem ir além do humano e, como heróis dotados de superpoderes, lutam por justiça, enfrentando perigos e defendendo os oprimidos.

Maldonado (2001) chama a atenção para o fato de o Super-Homem, em uma história bastante típica nesse sentido, catalisar muitos dos temas comuns à adoção.

> Há pais biológicos idealizados, que estão em outro planeta, que mandam o filho para longe, abandonando-o com a esperança de que ele encontre melhores condições de vida; há os pais adotivos que são estéreis e de idade avançada e que recebem o menino com "poderes especiais" (muitos pais adotivos encaram o filho como uma pessoa dotada de qualidades excepcionais, como um gênio ou um herói); há o desejo da busca das origens, no começo da adolescência, a crise de valores, o sentimento de onipotência (pode até voar) pela falta de limites e a sensação de perigo que corre ao viver simplesmente como gente de carne e osso (Maldonado, 2001, p. 70).

Noutro modelo possível, de aceitação, encontramos uma produção mais recente, da década de 1960. A personagem Bambam, filho de Betty e Barney Rubble, o amigo inseparável de Fred Flintstones, em *Os Flintstones*, de Hanna e Barbera, é um exemplo. O bebê foi deixado na porta da casa do casal, que vive em Bedrock, uma cidade com 2.500 habitantes, no ano 1.040.000 a.C. Na imagem a seguir, retrata-se a família e o inseparável vizinho e amigo Fred. O menino perfeitamente integrado e feliz participa do lazer da família.

Betty e Barney Rubble Charlton Comics Group n. 2 march 1973.

Por esse exemplo, vemos que hoje há uma pluralidade de representações ou modelos interpretativos construídos em torno da adoção, que coexistem na literatura, na televisão, nas histórias em quadrinhos; por vezes, esses modelos convergem, por vezes, conflitam. Em alguns casos, como na história de Branca de Neve, há o predomínio da rejeição à criança; na história de Bambam e outras, a aceitação do filho. Quanto aos personagens Homem-Aranha e Super-Homem, a ideia que prevalece é a da superação, ou ainda, na história de Lilo, em *Lilo e Stitch*, vemos a configuração de novos laços possíveis a partir do que restou da família.

Esse último, *Lilo e Stitch* (2002), entre os filmes de animação para crianças, de produção mais contemporânea, não apenas tem a família como tema central, como também destaca uma família em que a irmã mais velha tenta cuidar da irmãzinha pequena, após a morte dos pais. Para isso, ela enfrenta muitos desafios, inclusive o julgamento do representante da assistência social, que a avalia como incapaz de dar conta da tarefa. Com uma boa dose de ajuda extraterrestre, a família, inicialmente considerada incompleta, se organizará.

Para Tarzan, nas versões 1 e 2 produzidas pelos estúdios Disney, a única família possível é a família de gorilas, até o momento em que, na vida adulta, encontra Jane e vai formar com ela uma outra. Na versão em desenho animado da Disney, antes mesmo de constatar que existem outros iguais a ele, ou seja, de vir a ter contato com outros humanos, Tarzan denuncia o conflito que vive. Ele se percebe como diferente, não sabe correr, não sabe se defender como os outros gorilas. Esse conflito aparece reiteradamente, uma vez que o chefe do clã não admite a presença do menino. Ele consegue ser admitido no grupo, mas o líder do bando deixa claro em sua fala: "meu filho ele não é". Em uma das cenas, a mãe, a gorila, pergunta ao menino o que ele vê e afirma que são iguais, pois ambos tem dois olhos, um nariz, uma boca, dez dedos, um coração.

Observamos que as versões de autoria dos estúdios Disney diferem largamente dos textos originais no que tange aos clássicos infantis e, por isso mesmo, foram muito criticadas. De modo geral, a literatura aponta que há uma tendência em suavizar as histórias. Em outra produção de desenho animado, *A família do futuro* (2007), também dos estúdios Disney, um menino desenvolve um escâner de memória a fim de procurar sua mãe biológica, mas sua busca acaba tomando outro rumo, levando-o na verdade a encontrar os pais adotivos.

Prosseguindo nossa discussão, vemos que há por aí diferentes nomes carregados de significados utilizados, por vezes, para nomear a filiação adotiva. Filho de criação, filho postiço, filho de coração... Cabe-nos, assim, averiguar quais conceitos acerca da adoção se escondem sob tais diferentes nomeações. Onde se originaram? É possível falar em adoção sem mencionar a questão da infância abandonada? Vamos recuar um pouquinho no tempo para rever como esse ato jurídico foi se configurando até chegar a sua forma e compreensão atual.

Os modelos de adoção na legislação

Embora não pretendamos nos aprofundar nesse tema, cremos que é importante lembrar, conforme Vieira (2004), que a circulação de crianças esteve e está presente nas diversas sociedades ao longo da história humana. Especialmente entre as camadas mais empobrecidas das populações, ainda que não apenas entre elas, essa prática é comum com vistas a encontrar formas de garantir a sobrevivência e a educação de seus filhos. Como parte desse fenômeno maior, a adoção tomou diferentes conformações ao longo dos anos nas diferentes sociedades e épocas.

A valorização da criança foi muito tardia. Legalmente, ela só se tornou um sujeito de direitos no século XX, em 1959, na Assembleia Geral da ONU, na qual foi promulgada a Declaração dos Direitos da Criança. A conscientização sobre a particularidade infantil levou muitos estudiosos a pesquisarem e a conhecerem melhor todo o processo de desenvolvimento infantil, as práticas educativas usadas pelos pais e suas relações com o comportamento dos filhos (Weber, 2004, p. 2).

No Brasil, nas diferentes Constituições, antes e após o Estatuto da Criança e do Adolescente — ECA (Lei n. 8.069, de 13 de julho de 1990), a adoção assumiu diferentes configurações jurídicas. No ano de 2008, em 13 de julho, o Estatuto alcançou *sua maioridade*, completando seus 18 anos. Pretendemos rever essa configuração histórica, tendo o ECA como um divisor de águas.

Como destacam as autoras citadas anteriormente (Vieira, 2004, 2006; Maldonado, 2001; Weber, 1996), a adoção não se limita apenas ao contexto jurídico, envolve a disposição afetiva, a predisposição para o afeto em relação às crianças (geradas por nós ou não). Ocorre que tal predisposição não é um dado natural, mas sim um dado de cultura. Aprendemos a valorizar e a respeitar a infância. São valores que se adquirem ao ser educado dentro de uma determinada cultura.

Por se constituir como dado de cultura, a adoção é fruto de construção simbólica humana. Entendemos, assim, que também o Estado busca garantir na forma de leis, pela jurisprudência, muito do que a sociedade conseguiu alcançar em termos de seus valores a serem observados e conservados. O Estatuto da Criança e do Adolescente é um marco importante quando tratamos da adoção, como veremos a seguir. Primeiramente cabe destacar, com relação a sua natureza, que ele dispõe sobre a proteção integral à criança e ao adolescente, conforme exposto em seu artigo 1º. O mesmo Estatuto define criança, para os efeitos desta Lei, a pessoa até doze anos de idade incompletos, e adolescente aquela entre doze e dezoito anos de idade (art. 2º).

Vieira (2004) apresenta as principais conquistas referentes à infância no que tange à adoção após o ECA. No capítulo de seu texto, dedicado especialmente à adoção no Brasil, a autora resgata as diferentes fases dessa história. Segundo ela, sistematiza-se em três fases (para fins didáticos) a assistência dirigida à infância em situação de risco no Brasil (Vieira, 2004, p. 56): assistência caritativa; filantropia científica; e assistência à infância.

A primeira etapa se refere ao século XVIII, período em que predomina um tipo de comprometimento individual, vinculado a razões religiosas, morais e ao desejo de salvar a alma e de fazer boas ações. Assim, agregar uma criança à família era um ato caritativo.

Na etapa seguinte, século XIX, associada ao iluminismo e ao liberalismo, inspirado em ideias políticas europeias, a racionalidade brasileira descobre a infância como fonte de força de trabalho potencial. E, por essa razão, as crianças vão merecer atenção do Estado. São braços para a produção, não poderiam ser deixados à míngua. Assim, medidas de higienização e de disciplinarização da cultura popular são implementadas com vistas a garantir a transformação dos hábitos da população pela disseminação de padrões aceitáveis de comportamento.

Acerca dessa segunda etapa, a autora destaca que, nesse período, a industrialização e a urbanização desordenada de cidades como Rio de Janeiro e São Paulo já faziam notar a delinquência infantil e juvenil como um problema. Entretanto, "acreditava-se que a criminalidade, a mendicância, a vadiagem, e toda forma de comportamento desviante perpetuava-se de geração em geração" (Vieira, 2004, p. 57). Ou seja, creditava-se unicamente às próprias famílias toda a responsabilidade por sua condição de marginalidade e exclusão. Cabia então proteger as crianças de suas próprias famílias.

Já no século XX, a terceira fase a destacar seria a da *assistência à infância* necessitada. No bojo do pós-guerra, após a I Guerra Mundial, a Liga das Nações Unidas elaborou a primeira Carta de Direitos Universais da Criança (1924). No Brasil, alguns anos antes, a Lei n. 4.242, de 1921, procura definir o que se entende então por criança abandonada e quais razões levariam a sua submissão aos cuidados do Estado. Considerou-se nessa época abandonado "o menor sem habitação certa ou meios de subsistência, órfão ou com responsável julgado incapaz de sua guarda" (Vieira, 2004, p. 58). Em 1923, é criado o Juizado de Menores, esfera do judiciário dedicada exclusivamente ao tratamento das questões ligadas à infância. O Código de Menores surge em 1927.

Segundo a mesma autora, nas décadas seguintes, 1930 e 1940, nascem instituições públicas de assistência oficial à infância desvalida e de reeducação do menor. Esses modelos institucionais são apontados posteriormente como repressivos em nome da disciplinarização e recuperação. As décadas de 1950 e 1960 trazem a intensificação das desigualdades sociais, aparece a Fundação para o Bem-Estar do Menor (Febem). Na década de 1970, denúncias contra essa instituição acusam a violência contra os internos.

Em 1979, um novo Código de Menores substitui o de 1927, frisando a punição do menor infrator. Vieira ressalta que "mais do que a carência do menor e de sua família, o que preocupa a sociedade burguesa é a infração da ordem legal, sustentação da ordem social" (Angel Pino, *apud* Vieira, 2004, p. 59). Vieira, na obra citada, aponta ainda que serão comprovados, com base em estudos, a arbitrariedade e as irregularidades cometidas nas Febems, além dos efeitos nocivos para a formação da personalidade da criança, comprometendo seu desenvolvimento físico, mental e emocional. A institucionalização passa então a ser julgada ineficaz, cara e agressiva.

A partir da promulgação da Constituição de 1988 e do Estatuto da Criança e do Adolescente, a legislação mudará. Entra finalmente em cena o ECA (1999). Conforme Vieira (2004), o ECA será considerado uma verdadeira revolução na forma de conceber e tratar a infância. Ele alarga o universo dos adotáveis e dos adotantes, respeitada a diferença de 16 anos entre adotante e adotado. Uma de suas principais consequências é a busca da desinstitucionalização da infância, ou seja, o abrigo passa a ser considerado medida provisória e excepcional e não mais como solução permanente: "o acolhimento institucional e o acolhimento familiar são medidas provisórias e excepcionais, *utilizáveis como forma de transição para reintegração familiar ou, não sendo esta possível, para colocação em família substituta, não implicando privação de liberdade.* (Incluído pela Lei n. 12.010, de 2009) (ECA, artigo 101, § 1º). Afirmando, portanto, o direito do indivíduo de crescer pertencendo a uma família, conforme já havia sido exposto na Constituição de 1988 no artigo 227.

Apoiando-nos ainda em Vieira (2004), vamos nos deter um momento a fim de ressaltar as diferentes concepções propostas. Cremos que há aqui uma distinção básica, fundamental, que deve ser observada com toda a atenção, pois que nos faz ver uma mudança importante trazida pelo ECA. Destacamos uma concepção *clássica* de adoção, na qual se privilegiava o interesse da família, e uma concepção *moderna*, na qual se privilegia sob toda e qualquer circunstância o interesse da criança. É digno de nota os diferentes interesses a se considerar quando o tema é adoção: a família biológica, a criança e os pais adotivos.

Vieira (2004) acrescenta ainda algumas ações concretas que se vêm desenvolvendo com vistas a uma nova cultura da adoção, por meio de ONGs, como Terra dos Homens e outras, para que a sociedade rompa com os preconceitos que ainda subjazem a ela. Essa nova cultura visa garantir o acolhimento familiar a crianças independentemente de seu perfil (cor, sexo, idade, condição física ou mental). Preconiza-se, assim, que aquelas crianças que estão aguardando nos abrigos, por não atenderem ao padrão idealizado pelos possíveis futuros pais adotantes, não tenham o seu direito à convivência familiar negado. Então, como conclui Vieira (2004), o que cabe acatar como concepção dominante?

Mas, afinal, reconhecer como mãe aquela que cria, como nos colocam as histórias infantis contemporâneas, ou aquela que gera, como parece apontar a literatura infantil clássica até o século XIX, é uma questão que varia conforme o momento histórico ou de acordo com quem narra a história?

Pergunta a que a autora responde da seguinte forma:

Essa pode não ser uma questão tão simples de responder; no entanto, é possível que essas duas hipóteses estejam, na prática, entrelaçadas. Ou seja, a veemência com que as histórias infantis escritas por pais adotivos defendem a maternidade/paternidade de quem cria, porque são eles que deram e receberam o amor da criança, só adquire sentido no contexto histórico resultante da difusão de um certo ideal doméstico, segundo o qual o ambiente familiar deve ser "um lugar de afetividade onde se estabelecem relações sentimentais entre o casal e seus filhos, um lugar de atenção à infância (cor-de-rosa ou sombrio)". O que parece dar sinais desde o final do século XIX e que é reforçado ao longo do século XX, é a vitória de uma espécie de ideologia do amor. Um amor espontâneo, altruísta e, ao menos aparentemente, gratuito entre pais e filhos. O reconhecimento da existência ou ausência desse amor é o fator que passa a ser defendido como elemento determinante para identificar mães e pais (Vieira, 2006, p. 85).

Como gesto de amor, a maternidade/paternidade (independente de por qual meio venha a se constituir) implica acolher e aceitar o outro (esse desconhecido) na sua diversidade, de cor, de gênero, de idade, de origem, incorporando-o a seu grupo familiar, procurando construir com ele uma convivência de respeito e afeto.

Considerações finais

Procuramos revisar algumas ideias comuns acerca da adoção. Algumas delas se configuram em preconceitos de diferentes origens: idealização da família, idealização do amor materno, supervalorização da importância da herança biológica etc. Buscamos trazer algumas contribuições teóricas de diferentes autores das áreas de psicologia e antropologia, cuja experiência tem agregado novos dados acerca da realidade da adoção no Brasil.

Passamos brevemente por alguns modelos de adoção presentes na literatura clássica e contemporânea, recorrendo ainda a desenhos animados e histórias em quadrinhos. Nossa opção por esses personagens deve-se unicamente ao fato de nos permitir rever alguns modos de constituição de filiação adotiva. Pensamos que a literatura, assim como desenhos animados e histórias em quadrinhos, aponta para valores e modos de compreender os fenômenos sociais; apesar de produzidos com vistas a entreter, não deixam de trazer consigo uma dimensão educativa ao alcançar as crianças e/ou famílias.

Esperamos contribuir para a reflexão acerca de prejulgamentos que têm se convertido em sofrimento para crianças e adultos e impedido a colocação, em novos lares, de tantas crianças que aguardam por uma nova família.

Referências bibliográficas

FERREIRA, Aurélio Buarque de Holanda. *Novo Dicionário da Língua Portuguesa*. Rio de Janeiro: Nova Fronteira, 1986. Verbete Adoção.

ARCE, Alessandra. Lina, uma criança exemplar. Friedrich Froebel e a pedagogia dos jardins de infância. *Revista Brasileira de Educação*, Rio de Janeiro, n. 20, p. 107-120, maio/jun./jul./ago. 2002.

BADINTER, Elisabeth. *Um amor conquistado*: o mito do amor materno. Rio de Janeiro: Nova Fronteira, 1985. 370 p.

BOURDIEU, Pierre. *O poder simbólico*. Rio de Janeiro: Difel/Bertrand, 1989. 311 p.

BRASIL. *Estatuto da Criança e do Adolescente*. Brasília: [s.n.], 1990.

FROEBEL, F. Lina, uma criança exemplar. In: ARCE, Alessandra. Lina, uma criança exemplar. Friedrich Froebel e a pedagogia dos jardins de infância. *Revista Brasileira de Educação*. Rio de Janeiro, n. 20, p. 107-120, maio/jun./jul./ago. 2002.

MALDONADO, Maria Tereza. *Os caminhos do coração*: pais e filhos adotivos. São Paulo: Saraiva, 2001. 103p.

PRESTES, Andréia Baia. Abandono, acolhimento, adoção: rejeição e redenção na literatura infantil. In: SEMINÁRIO INTERNACIONAL FAZENDO GÊNERO: CORPO, VIOLÊNCIA E PODER, 8. 2008, Florianópolis. *Simpósios temáticos...* Florianópolis: UFSC, 2008. p. 1-8.

VIEIRA, Joice Melo. Era uma vez... esta pode ser a sua história. *Cadernos Pagu*, Campinas, n. 26, p. 59-85, jan./jun. 2006.

_____. *Os filhos que escolhemos*: discursos e práticas da adoção em camadas médias. 2004. 192 f. Dissertação (Mestrado em Antropologia Social) — Instituto de Filosofia e Ciências Humanas, Universidade de Campinas, Campinas, 2004.

WEBER, Lidia Natalia Dobrianskyj. Famílias adotivas e mitos sobre laço de sangue. *Revista Contato*, Paraná, 1996. Disponível em: <http://www.nac.ufpr.br/lidia/artigos/artigos.htm>. Acesso em: 12 maio 2009.

WEBER, Lidia Natalia Dobrianskyj; VIEZZER, Ana Paula; BRANDENBURG, Olívia Justen. O uso de palmadas e surras como prática educativa. *Estudos de Psicologia*, Natal, v. 9, n. 2, p. 227-238, ago. 2004.

_____. Nas trilhas de João e Maria: breve reflexão sobre o abandono de crianças no Brasil. *Revista Contato*, Paraná, 1997. Disponível em: <http://www.nac.ufpr.br/lidia/artigos/artigos.htm>. Acesso em: 12 maio 2009.

Filmes de animação

A FAMÍLIA do futuro. Direção: Stephen J. Anderson. Estados Unidos: Walt Disney Pictures, 2007. VHS/DVD (96 min.), son., color., legendado ou dublado.

LILO e Stitch. Direção: Chris Sanders; Dean DeBlois. Estados Unidos: Walt Disney Pictures, 2002. VHS/DVD (85 min.), son., color., legendado ou dublado.

OS FLINTSTONES. Produção: William Hanna; Joseph Barbera. Estados Unidos: Hanna-Barbera Productions, 1960-1966. son., color., dublado.

GRÁFICA PAYM
Tel. (011) 4392-3344
paym@terra.com.br